맹자의 도덕사상과 정치사상

맹자의 도덕사상과 정치사상

조 원 일 저

전남대학교출판부

| 머리말 |

급변하는 정보화 사회를 살아가고 있는 우리들에게 고대 중국의 사상가들이 내놓은 여러 사상들은 과연 어떠한 의미를 부여할 수 있을까? 또한 과연 첨단과학이 지배하고 있는 현대사회에서 발생하고 있는 여러 종류의 문제점들에 대하여 고대의 사상이 적절한 해결방안을 모색할 수 있는 영감을 줄 수 있을까?

이러한 의문은 필자를 고대 중국의 사유세계로 빠져들게 하여 儒家와 道家 그리고 墨家 및 法家 등의 사상들을 탐구하게 만들었다. 그 가운데서도 특히 공자에 의해서 사상체계가 수립되고 맹자에 이르러서 완정한 체계를 갖춘 유가사상은 지난 2000여 년 동안 중국을 비롯한 동아시아 지역 사람들에게 있어서 삶의 패턴으로서 자리 매김을 해왔다고 할 수 있다.

오랜 세월 동안 동아시아 지역 사람들의 삶의 패턴으로서 자리 잡아온 유가사상은 과거의 시간들 속에서 때로는 국가경영의 이데올로기로서 자리를 잡기도 하고 때로는 현대화를 방해하는 장애물로 취급되어 용도 폐기해야 될 대상으로 취급되기도 하는 등 많은 수난과 곡절을 겪는다. 특히 20세기초 중국을 비롯한 한국 및 일본에서 유가사상은 근대화를 가로막는 고루한 전통관념으로 취급되는 한편 타도해야할 대상으로 전락하기도 했다. 또한 20세기 60년대부터 시작하여 70년대에 이르기까지 약 10여 년 동안 중국에서 진행되었던 '문화대혁명'시기의 유가사상은 말 그대로 철저하게 파괴되어야 할 구시대의 낡은 쓰레기로까지 취급되었다.

오늘날 유가사상은 첨단과학이 지배하고 있는 현대사회의 요청에 부응하지 않는 구시대의 유물로 취급되고 또한 현실과 괴리된 관념체계로서 인식되고 있는 상황 속에서 유가사상이 나가야할 방향은 과연 어디인가?라는 물음이 제기될 수 있다. 이러한 물음에 대한 대답의 하나가 현대사회에서 문제가 되고 있는 도덕문제의 해결방안 모색이다.

현대를 살아가고 있는 우리들은 일상생활 속에서 도덕문제와 관련하여 종종 난감한 상황에 직면하게 되는데, 특히 도덕상황이 충돌 될 때 그러한 문제를 도대체 어떻게 처리해야할 것인지에 대해서는 그 답을 제시하기가 매우 곤란하다. 이러한 문제는 우리들에게 다음과 같은 물음들을 제기한다. "도대체 도덕이라고 하는 것의 진정한 의미는 과연 무엇인가?" 그리고 "인간은 도덕심과 도덕이성이라는 것을 정말로 가지고 있는 것인가?" "과연 인간은 도덕을 실천할 가능성을 가진 존재인가?" 만일 있다면 "마땅히 어떻게 실천해야 하는가?" 또한 "도덕실천과정 속에서 도덕규범과 도덕규범들 사이에서 발생하는 곤경을 어떻게 해결해야만 하는가?" "이러한 곤경을 해결할 수 있는 규칙들이 존재하는가?"

상기 열거한 문제들에 대한 해결방안은 맹자의 사상 가운데서 매우 많이 찾아볼 수 있다. 그러므로 본문에서는 맹자의 도덕철학에 관련된 문제로부터 시작하여 위에서 열거한 문제들에 대한 맹자의 관점을 분석할 것이며, 더 나아가 先秦時期에 생존했던 맹자의 도덕철학이 급변하는 현대사회를 살아가고 있는 우리들에게 어떤 계시를 줄 수 있는가에 대하여 알아보도록 하겠다. 또한 우리들이 일상생활 속에서 자주 직면할 수 있는 도덕문제에 관한 곤란한 상황에 대하여 적당하고 합리적인 해결방법을 제시할 수 있는 방법에 관해서도 분석해 보겠다.

필자가 중국철학 공부를 시작한지 어느덧 강산이 두 번 변한 시간이 지났다. 대학생활을 통하여 체험할 수 있었던 고대 중국인들의 사유세계는 경이 그 자체로 내 삶에 다가왔다. 아직도 대학 시기의 첫 중국철학사 강좌에서 느껴졌던 새로운 세계에 대한 발견은 현재까지도 나를 중국철학이라고 하는 바다를 항해케 하는 원동력이 되고 있다.

대학 졸업 무렵 중국철학 연구에 대한 끝없는 욕구는 나를 타이완(臺灣)으로 이끌었다. 타이완에서 보낸 시간들은 내 삶에 있어서 매우 소중한 체험을 한 시기였다고 할 수 있다. 석사과정에 입학하여 黎惟東, 楊祖漢, 李志夫 선생님들로부터 중국의 儒家사상과 道家사상 그리고 佛家사상에 대하여 혹독한 훈련을 받았다. 석사과정을 졸업하고 대륙으로 진학한다고 말씀을 드리자 흔쾌히 추천서를 써주셨던 은사이신 黎惟東 선생님의 가르침은 지금도 가슴속 한편에 남아있다.

북경에서 보낸 박사과정은 내 인생에 있어서 한 획을 긋는 시기였다고 할 수 있다. 은사이신 북경대학의 樓宇烈 선생님 그리고 청화대학의 劉鄂培 선생님과 북경사범대학의 周桂鈿 선생님은 내 학문의 기초를 굳건하게 다져주신 분들이다. 늘 식지 않는 열정으로 나를 지도해주신 선생님들의 가르침에 대하여 "道가 끊어진지 천년이 지나고 성인의 말씀이 인멸되어 전해지지 않는데, 先覺이 없었더라면 누가 나를 올바로 이끌어 줄 수 있었을까!"라는 말로써 감사함을 표하고자 한다.

필자가 지난 10여 년 동안 타이완과 중국 등지에서 공부를 할 수 있도록 이끌어주시고 격려해주신 아버님, 그리고 유학기간 내내 새벽마다 정한수를 떠놓고 치성을 드려주신 어머님께 깊은 감사를 드린다. 힘든 학자의 길을 가겠다고 하는 학생에게 시집와서 고생만 한 아내에게 늘 미안하다는 생각과 함께 고맙다는 뜻을 전하고 싶다. 그리고 가장 중요한 시기에 곁에서 아버지로서의 역할을 제대로 못함을 이해해 준 딸 수현에게 미안함과 고마움을 함께 전하고 싶다.

후배가 학자의 길을 올바르게 갈 수 있도록 항상 이끌어주셨으며 오랜 세월 속에서 학문과 인생을 함께 고민하였고 타이완과 중국에서의 유학시절 힘들고 어려웠던 순간들마다 늘 굳건한 버팀목이 되어주셨던 도중만 선배님과 박영종 선배님께 진심으로 감사를 올린다.

2006년 가을

屯德齋에서

지은이

제1부 맹자의 도덕사상

제2부 맹자의 정치사상

제1부

맹자의 도덕사상

제 1 장

들어가는 말

1. 연구목적

고대로부터 현대에 이르기까지 동서양을 막론하고 도덕문제는 항상 인류의 삶과 매우 긴밀한 관계를 형성해왔다. 이러한 도덕문제는 인류의 삶과 매우 밀접한 관계를 맺고 있을 뿐만 아니라 수많은 철학자들이 고민한 문제이기도 하다.

도덕은 단지 순수한 이론체계나 학설이 아닌 삶 그 자체인 것으로 그것의 목적은 좀 더 아름답고 나은 생활을 영위하기 위한 것이다. 그러므로 도덕행위는 바로 생활가운데 있는 것이며 곧 생활의 한 부분이라고 말 할 수 있는 것이다. 이러한 도덕행위는 반드시 신실한 상황에 적용해야만 그 생명력이 유지되는 것이다. 그러나 만일 이러한 도덕행위를 진실한 상황에 적용시키지 못하게 된다면 바로 현실성이 없는 공허한 도덕지식으로 전락하게 되는 것이다.

또한 모든 도덕행위의 완성은 도덕상황의 발생 그리고 도덕행위주체의 도덕판단과 도덕선택 및 실천을 포함하는 것으로 그 가운데에 도덕상황의 충돌이 발생할 가능성을 내포함과 동시에 도덕행위주체가 선택을 해야만 하는 가능성도 가지고 있다. 그러나 도덕상황의 충돌과 도덕선택을 통하여 개인들은 자신들이 견지하고 있는 도덕원칙과 도덕규범들의 의의에 대하여 더욱 분명하게 이해할 수 있을 것이다. 또한 매번 도덕상황의 충돌과 도덕선택을 통하여 자신이 견지하고 있는 도덕관과 도덕판단의 근거를 수정할 수 있음과 동시에 구체적인 상황 속에서 도덕규범들을 응용하고 실천할 수 있을 것이다.

현대를 살아가고 있는 우리들은 일상생활 속에서 도덕문제와 관련하여 종종 난감한 상황에 직면하게 되는데 특히 도덕상황이 충돌 될 때 그러한 문제를 도대체 어떻게 처리해야할 것인지에 대해서는 그 답을 제시하기가 매우 곤란하다. 이러한 문제는 우리들에게 다음과 같은 물음들을 제기한다. "도대체 도덕이라고 하는 것의 진정한 의미는 과연 무엇인가?" 그리고 "인간은 도덕심과 도덕이성이라는 것을 정말로 가지고 있는 것인가?" 또한 "과연 인간은 도덕을 실천할 가능성을 가진 존재인가?" 만일 있다면 "마땅히 어떻게 실천해야 하는가?" 또한 "도덕실천과정 속에서 도덕규범과 도덕규범들 사이에서 발생하는 곤경을 어떻게 해결해야만 하는가?" 또한 "이러한 곤경을 해결할 수 있는 규칙들이 존재하는가?"

상기 열거한 문제들에 대한 해결방안은 맹자의 사상 가운데서 매우 많이 찾아볼 수 있다. 그러므로 본문에서는 맹자의 도덕철학에 관련된 문제로부터 시작하여 위에서 열거한 문제들에 대한 맹자의 관점을 분석할 것이며, 더 나아가 先秦時期에 생존했던 맹자의 도덕철학이 급변하는 현대사회를 살아가고 있는 우리들에게 어떤 계시를 줄 수 있는가에 대하여 알아보도록 하겠다. 또한 우리들이 일상생활 속에서 자주 직면할 수 있는 도덕문제에 관한 곤란한 상황에 대하여 적당하고 합리적인 해결방법을 제시할 수 있는 방법에 관해서도 알아보도록 하겠다.

끝으로 이러한 연구를 진행하기에 전까지 필자는 "맹자가 "禮義"를 신봉하는 봉건시대의 도덕옹호자일 뿐이다"라고 하는 오해를 가지고 있었으며, 맹자의 사상체계 대하여 단지 인성론과 수양론 그리고 정치론에 관한 천박한 지식만을 가지고 있었다. 그래서 본 연구를 통하여 맹자 도덕사상의 진정한 의미와 고대 중국인들의 지혜를 체득할 수 있는 계기를 마련할 수 있기를 기대한다.

2. 맹자 연구사 소개

맹자는 유가철학과 중국문화에 있어서 매우 중요한 지위를 차지하고 있기 때문에 그의 철학사상은 전국시대(戰國時代) 이후로부터 수많은 학자들의 연구대상이었다. 『孟子』에 대한 체계적인 연구는 한대(漢代)부터 시작된다고 볼 수 있다.

먼저 서한(西漢)시기에 사마천은 맹자의 전기(傳記)에 대하여 약간 서술하지만 맹자만을 독립적인 대상으로 하지 않고 추연(騶衍) · 순우곤(淳于髡) · 신도(愼到) · 순자(荀子)등과 함께 수록했다.[1] 또한 『漢書』, 「藝文志」에는 『孟子』를 「諸子略 · 儒家類」에 수록했을 뿐이며, 서한시기가 끝날 때까지 『孟子』에 대하여 주석작업을 진행한 사람은 나타나지 않았다.[2]

동한(東漢) 시기는 서한시기에 비하여 『孟子』가 사람들로부터 매우 중요한 취급을 받는다. 이 시기에는 『孟子』에 주석을 가한 사람이 다섯 명으로 정증(程曾)의 『孟子章句』, 정현(鄭玄)의 『孟子注』, 고유(高誘)의 『孟子章句』, 유희(劉熙)의 『孟子注』 그리고 조기(趙岐)의 『孟子章句』이다. 그러나 현재까지 전해져 오는 주석서는 조기의 『孟子章句』 뿐이며 기타의 주석서들은 이미 모두 유실되었다. 동한 시기에 『孟子』에 대하여 최고의 평가를 내린 사람은 조기인데, 그는 세상에서 발생하는 모든 문제들에 관해서는 『孟子』 속에서 그 해결방법을 찾을 수 있다고 생각했다. 그는 사회문제와 정치문제 그리고 도덕절개의 문제에 대하여 모두 『孟子』를 근거로 하여 해결할 수 있다고 하였는데, 즉 위로는 제왕이나 제후로부터 아래로는 일반 서민들에 이르기까지 각양각색의 사람들이 맹자의 사상을 믿고 따르기만 한다면 그들의 정치와 도덕 분야의 요구들에 대하여 충분한 만족을 얻을 수 있다고 생각했다.

또한 조기의 『孟子章句』의 가장 큰 장점은 훈고학적 측면

1) 『史記』, 「孟軻荀卿列傳」

2) 周予同은 "한대에 『孟子』 주석을 한 사람은 양웅이 처음인데, 양웅(揚雄)이 주석한 『孟子』는 『中興藝文志』에 보이지만 의미가 천박하고 당시에 이미 의탁했는지의 의혹을 샀다." 라고 했다. 周予同, 『周予同經學史論著選集』, 上海, 上海人民出版社, 1995年, 290쪽 참조.

에서 적지 않은 맹자의 본래의미를 보존하고 있다는 것으로 그의 주석은 비교적 정밀하다고 할 수 있다. 이는 조기가 전국시대에 비교적 근접한 시기에 생존했기 때문으로 고대의 성어나 관용어에 대하여 익숙했기 때문일 것이다. 후대의 주석가(註釋家)들은 시간적으로 오랜 세월이 경과했기 때문에 고대에 일반적으로 쓰이던 일부 관용어에 대하여 생소했을 것이기 때문에 자주 글자만 보고 뜻을 짐작하는 오류를 범했다. 또 다른 장점으로는 『孟子』의 각 편을 장으로 나누어 편집하고 각 장의 마지막 부분에 장의 대강을 작성함으로써 전체 장의 대강을 개괄하여 내재되어 있는 사상을 분석했다는 것이다. 이러한 점은 조기만의 독특한 체계라고 할 수 있을 것이다.

한편으로 조기주석본의 결점은 맹자의 철학사상에 대한 이해가 깊지 않다는 것이다. 철학사상의 문제나 비교적 추상적인 명제에 봉착했을 때 조기의 주석은 자주 진부한 모습을 보이고 그 의미를 정확하게 파악하지 못하는 상황을 연출한다.

이상과 같은 조기(趙岐)의 『孟子章句』는 한대 맹자 연구의 총아라고 할 수 있으며, 또한 완전하게 오늘날까지 전해오는 가장 오래된 맹자 주석서(註釋書)라고 할 수 있다. 그러므로 조기의 주석서는 한대의 맹자학을 연구하는데 있어서 유일한 자료로 매우 중요한 사료로서의 가치가 있는 것이다.

위진남북조(魏晉南北朝) 시기에 이르러서는 남조(南朝)에서 유행한 위진현학(魏晉玄學)의 영향 때문에 경서(經書)의 해석에 있어서 훈고학(訓詁學)적 기풍이 쇠퇴하고 현학의 이론에 맞춰 많은 부분에서 사상 분야에 중점을 두어 해석하는 기풍이 두드러진다.[3)]

또한 남조의 경학(經學)은 인도에서 전래된 불교의 경전을 해석하는 방식의 영향을 받아 더욱 발전된 세밀한 주석작업이 주류를 이루는데 이는 동한(東漢) 시기와 비교해 볼 때 경서의 주석작업이 한층 더 세밀하고 상세해진 것으로 후세에 많은 영향을 끼친다.

북조(北朝)의 경학은 동한(東漢) 시기의 이론을 그대로 답습하는데 특히 방법론에 있어서 기존에 형성된 주석서의 범위 내에서 훈고학적인 작업만을 하여 특별한 발전과 새로운 이론체계가 형성되지 못했다.[4)]

위진남북조(魏晉南北朝)시기의 유학은 신앙적 위기가 더욱 가속화되어 이미 의식형태의 영역가운데 상당부분 점유했던 주도적 지위를 상실하고 현학 및 불학과 함께 정립하는 양상을 보인다.[5)] 이 시기의 경학에 대한 연구는 극도로 쇠잔한 상황에 처하고 또한 양한(兩漢)시기에 이미 정비된 유가경전들은 대부분 도서관에 처 박히는 신세로 전락하게 되고 경학연구자 역시 새벽 별 만큼이나 보기 드문 마당에 경전 이외의 다른 유가의 저작은 더욱 보기 드물었다. 바로 이러한 요인들이 위진남북조(魏晉南北朝) 시기에 『孟子』 연구자들을 발견할

3) 皮錫瑞, 『經學歷史』, 上海, 商務印書館, 1928年, 173쪽 참조.

4) 何耿鏞, 『經學簡史』, 厦門, 厦門大學出版社, 1993年, 170~171쪽 참조.

5) 劉蔚華・趙宗正 主編, 『中國儒家學術思想史』, 濟南, 山東教育出版社, 1996年, 576~578쪽 참조.

수 없는 중요한 원인이다.

당(唐)왕조 시기에 이르러서는 유학을 숭상하는 풍조가 나타남과 동시에 불교에 대한 숭배현상도 나타난다. 당 왕조의 통치자들은 겉으로는 유학을 제창하여 유학경전들을 학관에 건립하고 과거제도를 실시하여 관리들을 등용시키지만 실제적으로는 불교의 교의를 더욱 좋아하였다.

이러한 상황 속에서 한유(韓愈)는 유학의 입장에 서서 도통설(道統說)을 제창하는데 그가 제창한 도통은 바로 공자와 맹자의 인의(仁義)도덕이다. 그는 "널리 사랑하는 것을 인(仁)이라 하고, 실행하여 그것에 적합한 것을 의(義)라고 한다. 인의(仁義)에 맞춰 실천해 가는 것을 도(道)라 하고, 자신의 본성을 원만하게 수양하여 타인에게 구하지 않는 것을 덕(德)이라 한다."[6]라고 하여 '도'(道)를 인(仁)과 의(義)를 실천하는 방법으로 '덕'(德)을 마음속에 구비되어 있는 충분한 인(仁)과 의(義)의 본성이라고 보았다. 인(仁)과 의(義)는 도덕의 본질이며 도(道)와 덕(德)은 확정된 내용이 없는 것으로 인(仁)과 의(義)에 의탁해야만 비로소 존재를 드러낼 수 있는 것이다. 그러므로 도덕은 인(仁)과 의(義)를 떠나서는 말할 수 없는 것이다.

당(唐)왕조 시기에 보이는 『孟子』 연구에 관련된 서적은 다섯 부가 있는데, 육선경(陸善經)의 『孟子注』, 장일(張鎰)이 『孟子音義』, 정공저(丁公著)의 『翼孟』,[7] 임신사(林愼思)의 『續孟

6) 韓愈, 『韓昌黎全集』, 卷十一, 「原道」, 北京, 中國書店, 1998年, 172쪽 참조.

7) 朱彝尊, 『經義考』, 卷二百三十二, 『四部備要』 本.

子』가 있다. 이 가운데 앞의 세 부의 책은 주석서 이고 뒤의 두 부의 책은 연구서라 할 수 있는데 불행히도 『續孟子』 이외의 다른 저작들은 이미 모두 유실되었다.

『續孟子』의 내용 가운데 비교적 가치가 있는 부분은 바로 맹자의 정치사상에 관한 내용으로 임신사(林愼思)는 "백성들과 함께 하는 것"이라는 사상에 중점을 둔다.[8] 또한 그는 실제적인 표현으로부터 인재의 현명함과 어리석음을 선별할 것을 강조하는데,[9] 이것은 그가 당(唐)왕조 말기의 학정에 대한 반발을 표시한 것으로 그는 정치를 시행함에 백성들을 삶을 보존시켜야한다고 주장함과 동시에 학정은 백성들의 삶과 국가를 위태롭게 하는 것이라고 주장했다. 임신사(林愼思)의 맹자에 대한 해석은 상당부분에 걸쳐 이상과 같은 사상적 취향을 드러낸 것이라고 할 수 있다.

이상과 같이 볼 때 당(唐)왕조 시기의 『孟子』 연구는 기본적으로 동한(東漢) 시기에 형성된 훈고학적인 노선에서 크게 벗어나지 않는다고 할 수 있다. 당(唐) 중기이후 한유(韓愈)등 몇몇 학자들이 강력하게 숭상하여 맹자의 정치 학술사상의 지위가 비교적 큰 폭으로 제고되었으나 『孟子』의 사상내용에 관련된 연구는 새로운 진전이 없었다고 볼 수 있다.

송대(宋代)에 이르러서는 『孟子』 관련 연구가 한당(漢唐)시기에 비하여 비약적으로 발전한다. 이 시기에는 『孟子』 연구 범위 역시 크게 확산되는 현상을 보이는데 기존의 한당(漢唐)

---

8) 林愼思, 『續孟子』, 卷上, 「樂正子三」, 『叢書集成初編』本.

9) 위의 책, 卷下, 「齊宣王九」.

시기의 훈고학적 연구기초 위에 철학·정치·경제사상 분야에 까지 그 대상을 확대하여 종합적인 사상체계를 구축한다. 특히 중요한 철학적 명제들 예를 들어 성(性)·명(命)·의리(義理)·재질(才)·정(情)·기(氣)등에 대하여 이전의 어떠한 시대보다도 더 깊고 완성된 형태의 해석체계를 수립한다.

송대(宋代)에 맹자 연구가 이와 같이 대규모의 발전을 이룩할 수 있었던 원인은 여러 방면에서 찾아볼 수 있으나, 가장 중요한 원인은 역시 이학(理學)의 발흥에 있다고 할 수 있을 것이다. 송대에 나온 『孟子』 연구에 관련된 저서는 약 백여 부가 넘는다. 그 실례로 『宋史』, 「藝文志」와 『宋史藝文志補』에 이십 팔 부 그리고 『經義考』에 백여 부가 보인다.

송대(宋代)에 많은 유학자들이 맹자에 대하여 이처럼 열정적으로 주석 작업을 했던 원인은 바로 맹자의 사상체계와 이학의 사상체계가 일맥상통하는데 있다고 할 수 있다. 즉 맹자의 사상체계 속에는 성선(性善)을 비롯하여 호연지기(浩然之氣), 명(命), 심(心), 정(情), 재(才), 지(志), 의(意), 인의예지(仁義禮智), 성(誠), 도(道), 의리(義理) 등등 사변적인 철학문제를 포함하고 있는데 이것은 모두 이학에서 매우 관심을 가진 문제들이었으며 또한 이학연구의 핵심인 "性과 天道"의 문제와 본질적으로 일치된다고 볼 수 있는 것이다. 그러므로 맹자의 사상이 이학자들로부터 상당히 중요한 취급을 받은 것은 필연적인 결과라고 할 수 있는 것이며 역시 맹자 연구에 획기적인 발전을 가져오게 한 원동력이 되는 것이다.

이 시기의 맹자 연구에 관한 대표적인 학자는 주자(朱子)인데 그의 이학사상의 정수는 『四書章句集注』에 잘 나타나있다. 특히 『孟子集注』는 주자의 맹자 연구에 관한 학술성취의 최고봉으로 인정되고 있으며 동시에 송대 이학에 있어서 맹자 연구에 관한 최고의 수준을 자랑한다. 이러한 『四書章句集注』는 주자가 혼신의 정력을 기울여 만든 작품으로 사십여 년의 시간에 걸쳐 완성했다. 주자는 먼저 『四書』에 관련된 대량의 주석서를 수집하고 반복적으로 취사선택하여 『四書精義』와 『四書要義』를 편집하여 사십 팔 세가 되던 해에 처음 『四書章句集注』의 초고를 완성한다.[10] 그 후 주자는 육십여 세에 이르도록 끊임없이 수정작업을 한다. 또한 그는 육십 칠세 때 "남강본의 『論語』, 『孟子』는 이후에 확정된 판본으로 그것과 비교하여 읽어보면 여전히 개정해야할 부분이 있으나 아직 손을 대지 못했다."[11]라고 했다. 이와 같이 볼 때 『四書章句集注』는 주자가 일생 심혈을 기울여만든 작품으로 그의 학술사상을 대표하는 권위 있는 저작이라고 할 수 있는 것이다. 주자 본인 역시 자신의 『四書章句集注』에 상당한 애착과 긍지를 가지고 있었던 모습이 보이는데 특히 "저의 『語孟集注』는 글자 하나라도 첨가하거나 뺄 수가 없습니다."[12]와 "『中庸解』는 매번 보았지만 의심스러운 부분이 없었다."[13] 그리고 "제가 『大學』에 기울인 공은 매우 많습니다. 사마광(司馬光)이

10) 王懋竑, 『朱熹年譜』, 卷三, 北京, 中華書局, 1998年, 76쪽 참조.

11) 『朱文公文集』, 卷六十三, 「答孫敬甫」, 『四部叢刊初編』本.

12) 黎靖德, 『朱子語類』, 第二册, 卷九, 北京, 中華書局, 1994年, 437쪽 참조.

13) 위의 책 437쪽 참조.

『通鑑』을 쓰고 '소신의 평생 노력이 모두 이 책에 있습니다.' 라고 말했는데 저도 『大學』에 그렇게 했습니다."[14]에 잘 나타나 있다.

주자 이학체계의 범주는 주로 '이기론'(理氣論)과 '격물치지론'(格物致知論) 그리고 '심성론'(心性論)으로 언급될 수 있다. 이러한 범주들은 『孟子集注』에 분명하게 언급되어 있으며 언급된 부분 가운데 맹자의 사상을 더욱 발전시킨 부분이 보인다. 그의 '이기론'(理氣論)은 『孟子集注』 속에 잘 설명되어 있는데 주로 맹자의 '성선론'(性善論)을 해석하는데 사용하였다. 그는 '이기'(理氣)의 개념을 사용하여 '인성'(人性)과 '물성'(物性)의 차이점에 대하여 해석하는데 여기에서 '물성'은 동물의 성을 의미한다. 그는 인간과 동물은 서로 동일한 면이 있다고 하여 다음과 같이 말한다. 즉 "인간과 동물의 성은 같은 점이 있기도 하고 서로 다른 점도 있다. 그것들의 같은 부분을 알고 또 다른 부분을 안 뒤에야 '성'(性)을 논할 수 있는 것이다."[15] 또한 인간의 성과 동물의 성이 같음과 다름의 구체적인 표현은 "인간과 동물은 태어날 때 모두 천지의 '리'(理)를 성으로 하고, 천지의 '기'(氣)를 형체로 한다. 그것들이 서로 다른 부분은 인간만이 그 사이에서 형기(形氣)의 올바름을 얻어서 그 성을 온전히 보존할 수 있는 것이 작은 차이일 뿐이다. 비록 작은 차이라고는 말하나 인간과 동물의 분기점이 바로 이것 때문에 있는 것이다."[16] 주자의 입장에서 보면 인간

---

14) 위의 책, 第一冊, 卷十四, 258쪽 참조.

15) 위의 책, 卷四, 59쪽 참조.

과 동물의 성은 두 가지 측면에서 동일한 부분이 있는데, 하나는 "천지의 리(理)를 성으로 한다"는 것으로 하늘이 부여한 인간과 동물의 성의 '리'는 같다는 것이다. 다른 하나는 "천지의 기(氣)를 형체로 한다"는 것으로 이러한 '기'는 생리적인 작용을 뜻하는 것으로 "기(氣)로써 말하면 곧 지각운동으로 인간과 동물은 이것이 다르지 않다"의 '기'(氣)이다. 그러나 인간은 '형기'(形氣)의 올바름을 얻어 그 '성'을 온전히 보전할 수 있지만 동물은 '형기'(形氣)의 올바름을 얻지 못하여 그 '성'(性)을 온전하게 보전할 수 없는 것인데 이것이 바로 인간과 동물을 구별짓는 것이라는 것이다. 주자의 이러한 언급들은 그의 '이기론'(理氣論) 관점과 '인성론'(人性論) 관점을 반영한 것이었다.

결국 주자의 이러한 관점들은 다른 이학자들과는 달리 『孟子』의 본래 의미에 완전히 벗어난 것으로 자신의 사상체계를 기초로 하여 맹자의 사상내용을 혼합하여 새로운 사상체계를 이룩한 것이다. 그러나 그는 단어의 의미를 판독하고 고증이 필요한 부분에 대해서는 그 성취도가 비교적 미약하다고 할 수 있다. 이것은 주자의 학문방법이 사상연구에 역점을 두고 훈고 고증분야는 그렇지 않았기 때문일 것이다.

원대(元代)의 『孟子』 연구 상황은 주자학적 관점의 연장이라고 보아도 무방할 것이다. 당시의 학자들은 감히 주자의 『孟子集注』 사상관점을 벗어난 새로운 이론체계를 내놓지 못했다. 그러므로 주자의 사상을 핵심으로 하는 저작들이 형성

16) 朱熹, 『四書章句集注』, 『孟子集注』, 「離婁下」.

되는데 이러한 저작들은 대부분 새로운 사상적 가치가 없는 것으로 특히 사상체계 분야에 있어서는 주자의 관점에서 벗어난 독자적인 특색을 갖춘 저작을 찾아보기는 매우 힘들었다. 그러나 고증이나 자료의 인증 및 보충 분야에 있어서는 약간의 저작들은 참고할 만한 가치가 있다. 이러한 저자들은 사상적인 측면에서는 주자의 이론을 절대적으로 신봉하지만 학문을 하는 방법론적인 측면에서는 비교적 엄정하고 실질적인 증거자료들을 중시하였기 때문에 역사적인 자료들을 중요시했다. 역사적인 자료들을 중시하여 맹자를 해석하는데 있어서 고증과 보충자료를 적극 활용한 점이 바로 원대 맹자 연구의 중요한 특색으로 자리 잡고 있는 것이다.

원대(元代)에 『孟子』를 연구한 학자들은 결코 적지 않지만 그 가운데 참고할 만한 가치가 있는 저작은 그다지 많지 않다. 대표적인 학자로는 금이상(金履祥)이 있는데 그의 저작으로는 『孟子集注考證』이 있다. 그는 주자학파의 학자였으나 주자의 이론체계를 맹신하지는 않았다. 당시의 상황을 참고해 볼 때 그의 저작은 눈여겨볼 만하다. 그 외에 장존중(張存中)의 『四書通證』 역시 역사적인 사실이나 문물 제도적인 측면을 연구하는데 참고할 만한 가치가 있다.

명대(明代) 초기의 맹자 연구상황은 원대의 상황과 비교했을 때 큰 차이는 없다. 즉 맹목적으로 주자의 연구성과를 추종하는 현상이 지속된다. 특히 대부분의 연구서들이 과거시험을 대비하여 해석들을 긁어모아 팔고문(八股文)[17]체로 이루어

17) 八股文: 明・淸시기에 과거시험의 답안용으로 채택된 특별한 형식의

진 것으로 천편일률적으로 기존의 해석을 답습하고있어 참고할 만한 가치는 없다. 그러나 명대(明代) 초기의 유학은 일단의 주자학 답습시기를 지나 이학의 존재형태가 날이 갈수록 쇠퇴 하게되어 기존의 생기와 활력을 상실하게 된다.

명대(明代) 중기에 이르러 '심학'(心學)사조가 발흥하게 되어 당시 학계의 주도적 위치를 차지함과 동시에 학술발전의 주류를 이루는데 이 시기의 대표적인 인물로는 왕양명(王陽明)을 꼽을 수 있다. 왕양명은 『孟子』에 대하여 주석작업을 하지는 않았지만, 그의 저서인 『傳習錄』에서 맹자의 사상에 대하여 많은 해석을 내놓는다. 왕양명은 맹자의 "盡心"을 "盡性"으로 해석하는데 그 이유는 그가 성을 마음의 본체로 보았기 때문이다. 그래서 그는 "마음의 바깥에는 '리'(理)가 없고, 마음의 바깥에는 사물도 없다"[18] 그리고 그는 '심'(心)과 '리'(理)를 하나이면서 둘이 아닌 것으로 보아 '심'(心)과 '리'(理)는 동질의 것이며 '심'(心)을 떠난 외부에서 '리'(理)를 찾을 수 없다고 생각했다. 그래서 그는 '심'(心)과 '리'(理)의 합일을 주장하여 "심(心)이 곧 리(理)이다."[19]라고 말했다. 또한 왕양명은 "致良知"로 맹자의 "集義"를 해석하는데 즉 인간이 선천적으로 부여받은 도덕판단능력을 회복하는 것을 맹자가 말한 "集義"의 올바른 해석으로 보았다.

문체로, 대구법(對句法)을 사용하며 전편(全篇)은 "破題, 承題, 起講, 入手, 起股, 中股, 后股, 束股"등의 여덟 부분으로 구성됨.

18) 王守仁, 『王陽明全集』, 上册, 「傳習錄」, 上海, 上海古籍出版社, 1997年, 5~6쪽 참조.

19) 위의 책, 26쪽 참조.

결국 송대(宋代)에서 명대(明代) 중기에 이르기까지 사상의 발전은 '이원론'에서 '일원론'으로 방향이 바뀌었다고 할 수 있다. 또한 유학 사상사에 있어서 '이학'(理學)의 쇠퇴와 '심학'(心學)의 번영은, '경학'(經學)과 '훈고학'(訓詁學)의 쇠퇴를 수반하여 경전을 해석하는데 있어서 주관적 체득에 의한 독창적인 견해를 내놓는 풍조가 나타난다.[20] 왕양명의 맹자 연구 역시 이러한 맥락에 놓고 파악해야 할 것이다.

명대(明代) 말기에 이르러서 황종희(黃宗羲)는 맹자의 학설에 대하여 새로운 해석을 내놓는다. 당시의 학계풍토는 맹자를 해석할 때 송명리학(宋明理學) 가운데 유행하던 철학개념들을 사용하는데, 예를 들어 보면 '리'(理), '기'(氣), '심'(心), '성'(性) 등이다. 황종희는 이러한 개념들이 모두 하나로 관통되어 있다고 생각한다. 특히 황종희의 맹자 해석에 대한 새로운 관점은 "맹자가 말한 확충, 부동심, 성, 서(恕)를 실천하는 것은 모두 마음을 다하기 때문이다. 성은 공허하여 생각할 수 없는 것으로 인간의 마음속에 있으며 측은(惻隱), 수오(羞惡), 사양(辭讓), 시비(是非)의 마음을 통하여 인식할 수 있는 것이다. 만일 어린아이가 우물 속에 빠지려고 할 때 측은한 마음이 있는데, 이렇게 전광석화처럼 가슴속에 측은한 마음이 가득 차는 것이 성체다."[21]에 잘 나타나 있다. 또한 황종희는 '심'(心)과 '리'(理)는 하나라는 관점으로부터 출발하여 맹자의

20) 岡田武彦, 『王陽明と明末の儒學』, 東京, 明德出版社, 1970年, 9쪽 참조.

21) 黃宗羲, 「孟子師說」, 『黃宗羲全集』, 第一册, 杭州, 浙江古籍出版社, 1985年, 60쪽 참조.

학설에 대하여 새로운 해석체계를 마련하는데 예를 들어 맹자의 "갓난아이의 마음을 잃지 않는다"를 "보고 듣고 말하고 행동하는 것은 마음과 하나가 된다"[22]로 해석하는 것이다. 그러나 황종희의 맹자 연구 가운데 문제점은 자연적 의미의 '기'(氣)와 창조적 의미의 '기'(氣)에 대한 구분이 명확하지 않다는 것이다. 즉 황종희는 『孟子』 속에서 보이는 '기'(氣)자가 때로는 전통적 의미의 '기'(氣)로 쓰이기도 하고 때로는 맹자가 창조한 의미의 '기'(호연지기)로 쓰인 것을 간과했다는 것이다.

청대(淸代)의 맹자 연구 상황은 전시기인 명대(明代)와 비교했을 때 많은 부분에서 변화된 모습을 나타낸다. 특히 이 시기는 학술상에 커다란 변화가 발생하는데 그 원인으로는 먼저 명대 말기의 진부한 학풍이 누적되어온 폐단이 매우 심하여 사회와 정치경제 그리고 사상의 발전에 막대한 지장을 초래하여 변화를 겪지 않을 수 없는 상황에 봉착한 것이다.[23] 다른 하나는 청(淸)왕조의 지식인에 대한 회유와 탄압정책이다. 이러한 원인들 때문에 청대(淸代)의 학문은 단지 고전만을 훈고 고증하는 방향으로 밖에 나갈 수 없었다. 그래서 이 시기의 학술은 훈고와 고증을 주요한 특징으로 하여 고대의 학

---

22) 위의 책, 108쪽 참조.

23) 당시의 진부한 학풍의 폐단은 다음과 같이 두 가지 측면으로 나타난다. 먼저 팔고문 중심의 과거제도는 명대 말기 사회의 부패를 더욱 가속화시킨다. 다른 하나는 양명학의 아류는 이미 완전히 공허하게 심성의 수양만을 주장하고 현실문제를 외면하는 허망한 학풍으로 전락하여 사회 전반에 걸쳐 해악을 낳는다.

술을 주요한 대상으로 하는 복학(樸學)학풍이 형성된다.

청대(淸代) 학풍에 변화가 발생함에 따라 맹자학의 연구 상황에도 변화가 수반된다. 이러한 맹자학 연구의 변화 추세는 전체 학술사상의 변화와 일치하는데 즉 주관적인 명상에 의한 허망한 이론체계에서 훈고 고증을 중심으로 하는 복학(樸學)연구로 전환된다. 이 시기의 맹자 연구에 대한 주요한 특징으로는 먼저 『孟子』의 한대(漢代) 주석을 근간으로 연구한 점이다. 또한 청대(淸代) 학술의 엄밀한 학풍이 맹자 연구에 삼투되어 학문의 방법론이 비교적 엄정해지고 문제를 좀더 깊게 연구하는 풍조가 생겼다는 것이다. 그리고 맹자의 사상을 해석함에 있어서는 기존의 학술전통을 비판 계승하여 새로운 사상형식을 사용한 점이다.

맹자 연구사에 있어서 18세기 대진(戴震)의 『孟子字義疏證』은 전통적인 부분과 근대적인 부분의 교차점의 지위를 차지한다. 여기에서 말하는 전통적인 부분은 대진이 새롭게 맹자를 해석할 때 반복해서 언급한 '리'(理)와 '욕'(欲)의 관계와 '인도'(人道)와 '천도'(天道)의 관계 및 '인의예지'(仁義禮智)의 근원 등을 가리키는 것으로 모두 전통유학의 문제들과 관련되어 있는 것이다. 대진은 송대(宋代) 유학의 사상전통 속에서 맹자에 대한 해석을 이용하여 송대(宋代) 유학을 반대한다. 그렇지만 한편으로는 우리는 대진이 수행한 맹자에 대한 해석 부분 곳곳에서 새로운 의미를 발견하게 되는데 이곳에서 대진사상의 근대성을 찾아볼 수 있는 것이다. 그 증거로는 대진은 송대(宋代) 유학의 '이기이원론'(理氣二元論)을 팽개치고

'자연'이 곧 '필연'이라고 주장하여 '리라는 것은 사물에 대하여 약간의 착오가 없는 것을 반영하는 것이다.'[24]와 "리는 인간의 정욕가운데 존재한다."[25]라는 새로운 명제를 내놓는데 이러한 명제들에서 우리는 근대성의 흔적을 찾아볼 수 있는 것이다.

건륭가정(乾隆嘉靖)시기에 이르러서 『孟子』 연구의 집대성이라고 할 만한 저작이 출현하는데 그것은 바로 초순(焦循)의 『孟子正義』이다. 『孟子正意』는 조기의 『孟子章句』에 소해(疏解)작업을 한 것이다. 초순의 『孟子正義』의 특징으로는 먼저 인용과 증거자료가 풍부하고 상세하여 같은 종류의 저작들 가운데 그것과 견줄만한 작품을 찾아보기 힘들다는 것이다. 그가 인용하고 증거를 댄 자료는 경(經), 사(史), 자(子), 집(集)류 가운데의 각종 서적들로 일일이 그 수를 헤아릴 수 없을 정도다. 방계자료를 통한 증거수집과 폭넓은 인용은 초순의 『孟子正義』를 가장 뛰어난 자료로서 자리 매김을 하게 했다. 또한 상세하고 정밀한 고증이다. 상세하고 정밀한 고증은 초순의 『孟子正義』를 대대로 뛰어난 작품으로 평가받게 하는 주요한 원인으로 이러한 점은 앞서 언급한 방계자료를 통한 증거수집과 폭넓은 인용과는 불가분의 관계를 형성하고 있다. 초순이 폭넓게 인용한 내용들은 대부분 이전의 학자들이 심혈을 기울여 연구한 성과들이기 때문에 그 자체로서 이미 극

---

24) 戴震, 『孟子字義疏證』, 卷上, 『戴震全集』, 第六册, 合肥, 黃山書社, 1995年, 152쪽 참조.

25) 위의 책, 159쪽 참조.

도의 정밀함과 높은 수준의 학술적 가치를 가지고 있었다. 초순은 폭넓은 인용의 기초 위에 자신의 세심한 고증과 파악된 의미를 첨가하여 기존의 해석체계와는 다른 독자적인 견해를 피력한다.

근대시기에 이르러 서양의 열강들이 앞다퉈 중국을 침략함에 따라 중국의 위기상황은 갈수록 심화된다. 이 시기에 강유위(康有爲)는 『孟子微』를 저술하는데 이것은 맹자에 대한 해석을 통하여 중국과 서양사상을 융합하고자 하였는데 이는 그의 스승인 주구강(朱九江)이 한대와 송대(宋代)의 학풍을 융합하려한 시도와 일맥상통하는 부분이 있다. 강유위는 『孟子』에 대해 새로운 해석을 시도할 때 사용한 방법은 서양의 근대사조를 이용하여 전통중국의 유가사상에 주석을 가하는 방식을 취하는데[26], 이것은 선진시기의 맹자 사상가운데 드러나지 않은 많은 관념체계들을 찾아내어 근대사회에 접목시키기 위한 것으로 전통유가와 서양의 근대 신문화를 융합하고자 하는 시도였다고 할 수 있다.

강유위(康有爲)의 『孟子微』의 가치는 맹자 사상체계 가운데 기존에 드러나지 않은 많은 분야의 사상적 요소들 즉 민주, 평등, 자유 등의 관념들을 서양의 근대사조와 접목하여 융합시킨 후에 발전시켜나가고자 한 부분에 있다고 할 수 있다.

현대는 중국 유학사(儒學史)에 있어서 유가학자들이 서양의 문화와 철학을 전면적으로 접촉하는 시기이다. 20세기의 유가학자들은 서양사상의 도전에 직면하여 더 이상은 중국의 전

26) 예를 들어 근대 서양의 사회진화론, 사회계약론, 중상주의 등.

통철학관념들로는 논의를 진행할 수 없게되자 서양철학의 관념들을 수용하여 전통학술을 해석함과 동시에 새로운 사상전통을 구축한다. 이 시기의 대표적인 유가학자들을 '현대신유가'(現代新儒家)라고 부르는데 당군의(唐君毅), 모종삼(牟宗三), 서복관(徐復觀) 등이 있다.

당군의(唐君毅)는 송명리학(宋明理學)을 토대로 맹자를 해석하는데 특히 '심학'(心學)의 입장에서 맹자 사상체계를 해석하고자 했다. 그는 맹자 사상체계의 본질은 '심학'(心學)이라고 생각하여 특히 '심'(心)의 자발성을 강조한다. 사상사적 입장으로부터 볼 때 당군의(唐君毅)가 강조하는 "마음(心)에 성(性)이 있다"[27]는 말은 왕양명이 "마음이 곧 리이다"로 맹자를 해석하는 입장과 유사한 체계를 지니고 있다. 당군의(唐君毅)는 맹자의 "人禽之辨"에 대하여 분석할 때 맹자가 말한 "성인과 나는 같은 류(類)이다."에서의 '류'(類)는 서양의 논리학에서 말하는 부류와는 다른 것으로 인간이 마음을 다하고 본성을 알아서 성인(聖人)의 경지에 도달할 수 있게 되는 과정 가운데 성인과 나는 같은 자질을 갈고있다는 것을 말하는 것이다. 당군의(唐君毅)의 이러한 해석은 맹자 연구사에 있어서 새로운 경지를 개척한 것이라고 할 수 있다.

모종삼(牟宗三)은 맹자 사상의 해석에 대하여 비교적 특별한 관점들을 제시한다.

먼저 중국철학의 중심과제 가운데 하나는 인성론에 있다고

27) 唐君毅, 『中國哲學原論』, 原道篇, 卷一, 臺北, 學生書局, 1986年, 212쪽 참조.

강조한다. 특히 정통유가는 인성론에 대하여 두 종류의 견해를 가지고 있는데 그 하나는 "천명을 성이라고 한다."는 『中庸』과 『易傳』을 대표로 하는 '우주론적 입장'과 다른 하나는 "인과 의가 내재되어 있다"고 하는 『孟子』를 대표로 하는 '도덕론적 입장'이다.[28]

다음은 맹자의 학문은 심성(心性)의 학문이라는 것으로 이러한 마음은 곧 도덕주체성이 된다는 것이다. 그래서 모종삼(牟宗三)은 "이러한 마음은 도덕의 주체성을 대표하는 것이다……이것은 중국사상의 핵심이 되며 맹자는 심성의 학문의 종주가 되는 것이다."[29]

끝으로 맹자 사상가운데의 '마음'은 자기 스스로가 원칙을 세운다는 것인데 이것은 일종의 이미 주관적이면서 객관적이기도 한 "마음이 곧 리이다"의 마음을 의미한다. 또한 모종삼(牟宗三)은 『圓善論』에서 「告子上」에 대한 해석을 통하여 맹자에 관련된 사상체계를 집대성하며 자신 사상체계의 정수를 모두 보여준다. 모종삼(牟宗三)의 맹자 해석에 대한 창조적인 견해는 그가 언급한 "인과 의는 내재되어 있으며 성은 심(마음)에 의해서 드러난다."는 말로 총괄할 수 있을 것이다.

서복관(徐復觀)은 맹자의 심성론이 오랜 역사적 변화의 산물이라고 강조하는 한편 맹자 사상의 '내성'(內聖)과 '외왕'(外王)이 하나로 관통되어 일체를 이룬다는 것을 강조한다. 그는 맹자의 심성론(心性論)을 다양한 각도에서 해석하는데 다음과

28) 牟宗三, 『中國哲學的特質』, 上海, 上海古籍出版社, 1997年, 54쪽 참조.
29) 위의 책, 69쪽 참조.

같다.

먼저 서복관(徐復觀)은 맹자의 '성선설'(性善說)은 맹자가 중국문화전통에 대하여 가장 크게 공헌 부분이지만, '성선설'(性善說)은 중국 고대문화가 장기간에 걸쳐 발전한 결과라는 것을 강조한다. 또한 그는 맹자의 '성선설'(性善說)이 '심선'(心善)을 근거로 삼는다고 한다. 그리고 서복관(徐復觀)은 주관과 객관이 융합된 각도에서 맹자의 '천형설'(踐形說)을 해석하는데 '천형'(踐形)은 도덕주체성의 충실함 및 그것이 현실세계에 있어서의 실천이라고 생각했다.[30] 이러한 부분이 서복관(徐復觀)의 맹자 연구에 대한 탁견이라고 할 수 있다.

---

30) 徐復觀, 『中國人性論史』, 臺北, 臺灣商務印書館, 1990年, 185～186쪽 참조.

제 2 장

도덕사상의 역사와 철학적 배경

1. 역사적인 배경

춘추전국 시대는 중국역사의 역사 속에서 사회, 경제, 정치 질서의 변동이 가장 격렬했던 시기였으며 그 가운데서도 특히 정치적인 측면의 변혁이 두드러지게 나타난다. 주(周) 왕조의 동천(東遷) 이후 주 왕조의 천자(天子)는 실질적인 통치권력을 행사하지 못한다. 주 왕조의 천자가 관할할 수 있었던 지역은 단지 도성 부근의 작은 범위에 불과했으며, 제후국(諸侯國)들 내부에서 발생하는 찬탈이나 시해 및 폐위에 대한 일들에 관해서 천자는 아무런 조치를 취할 수 없는 무기력한 존재로 전락하게 된다.

석명(錫命)[1]에 근거한 역사적인 사실로 볼 때 춘추시대에

1) 주 왕조시절 제후를 책봉하던 제도이다. 즉 천자가 제후의 직책을 책봉할 때 사관이 죽간에 천자의 명을 기록하여 선포하고, 의식을 진행할 때는 주 왕조의 천자가 직접 제후의 직책을 책봉함을 선포함과 동시에 수레와 제복과 제기 등을 하사한다.

이백여 년 동안 존재했던 제후국들에 대한 석명의 기록은 단지 아홉 차례에 지나지 않는다. 실례로 주 왕실과 관계가 밀접했던 노(魯)나라 같은 경우 춘추시대에 재위했던 열 두 명의 제후 가운데 석명을 받은 제후는 단지 환공(桓公)과 성공(成公) 및 문공(文公) 세 사람뿐이었다.[2] 더욱이 위에서 언급한 아홉 차례의 석명의 의식이 거행될 때도 제후가 천자에게 와서 직접 명령을 받는 것이 아니고 천자가 관리를 제후 측에 파견하여 명령을 선포한다. 이러한 사실들은 천자의 지위는 이미 명목만 존재하고 그 실질적인 권위는 다시는 회복될 수 없는 나락으로 실추되었음을 잘 보여주고 있다.

한편으로 각 제후국들 내부에서는 보편적으로 군주(君主)와 성(姓)이 같은 귀족들이 권력을 다투는 현상이 나타난다.[3] 이러한 제후국들 내부의 정치상황의 변화는 평민계층 가운데 능력 있는 사람들이 정치에 참여하는 현상이 발생하게 된다. 그리고 평민계층의 신분상승 결과는 기존의 봉건질서 가운데 계급적 질서의 혼란을 초래한다. 또한 군현제도의 점진적인 건립은 결국은 봉건제도의 정치적 기반을 와해 시켜버린다. 이러한 정치적인 상황 속에서 제후들은 중원의 통치권을 놓고 서로 다투는 가운데 실제적인 필요에 의해서 적극적으로 유능한 인재에 의한 통치를 실행하기 때문에 당시 사회의 변동은 더욱 가속화되는 추세를 보인다.[4]

---

2) 齊思和, 「周代錫命禮考」, 『燕京學報』, 第 32 期, 224쪽 참조.

3) 李宗侗, 『中國古代社會史』, 臺北, 中華文化出版事業委員會, 1963年, 233~243쪽 참조.

4) 范文瀾은 “군현제도의 창립은 군주의 통치력을 더욱 강화시키고 봉

춘추시대로부터 전국시대에 이르기까지 사회가 급변하고 사회계층들 간의 이동이 크게 증가하는 현상은 주목할 만한 가치가 있다. 이러한 시기의 사회에서 통치계층 가운데 왕실과 귀족계층은 주도적인 지위에 있었으며 또한 이러한 계층 외에 새로운 사(士)계층이 출현한다. 이렇게 새로 출현한 사(士)계층 때문에 왕실과 귀족계층의 몰락은 가속화되는데 이는 당시의 정치적 구심점이 왕실과 귀족계층에서 사(士)계층으로 바뀌어가고 있음을 단적으로 보여주는 것이다. 또한 이러한 사실은 춘추전국시대에 사회계층들 간의 이동이 활발하게 시작되었음을 의미함과 동시에 과거의 우세를 점했던 왕실과 귀족계층이 완전히 세력을 잃었음을 의미하는 것이다. 이와 같이 볼 때 춘추전국시기는 사회계층간의 이동이 크게 증가했을 뿐만 아니라 과거의 사회 주도층이 점차적으로 쇠퇴하게되는 시기인 것이다.5)

경제 분야에 있어서 주요한 변동은 농업기술의 진보와 상업의 발전과 대도시의 탄생 및 인구의 증가라는 측면에서 찾

건제도의 붕괴를 더욱 가속화 시켰다.……전국시대에 각 제후국은 모두 군현제도를 채용했다."라고 한다. 范文瀾, 『中國通史』, 第一册, 北京, 人民出版社, 1996年, 146쪽 참조.

黃俊傑, 『春秋戰國時代尚賢政治的理論與實際』, 臺北, 問學出版社, 1978年, 27~28쪽 참조.

楊寬, 『戰國史』, 上海, 上海人民出版社, 1991年, 210~211쪽 참조.

金景芳, 『中國奴隷社會史』, 上海, 上海人民出版社, 1993年, 387~388쪽 참조.

5) Cho-yun Hsu, Ancient China in Transition : An Analysis of Social Mobility, 722~222 B.C. Stanford : Stanford University Press, 1965, Chap. 2.

아볼 수 있다. 농업기술 분야에서는 우경(牛耕)의 도입과 철제 농기구의 사용 그리고 관계시설의 운용 및 비료기술의 개발 등을 통해서 비약적인 발전을 이룩한다.[6] 농업기술의 진보로 인하여 곡물의 생산량은 크게 증가하게 되며 잉여생산물이 발생하게되고 이러한 잉여생산물은 상업활동을 촉진시켜 재산이 축적된다. 상업의 발전은 인구의 증가와 대도시를 건설시키는 현상을 수반하는데 이러한 현상들은 각 제후국들의 독립적인 성격을 더욱 강화시키고 토지의 사유를 형성하여 봉건제도의 경제적인 기초를 더욱 빠르게 와해시킨다.

위에서 언급한 것과 같은 정치와 사회 및 경제적인 분야의 중대한 대변혁 이외에 춘추전국시대 오 백여 년 간 빈번하게 발생한 전쟁은 주목할 만한 역사적 현상이다.

서주(西周)시대에는 주 왕조의 천자는 천하를 관장할 수 있는 권위와 능력을 가지고 있었으나 주 왕조 평왕(平王)시기에 이르러서 도읍을 동천한 이후부터 천자의 권위는 서산에 기울어 가는 해처럼 미약해져 제후들 사이에 정벌전쟁이 날이 갈수록 빈번해 진다. 특히 춘추시대에는 역사기록에 보여지는 전쟁의 횟수만 해도 약 천 이백여 차례 벌어진다.[7] 전국시대에 이르러서는 전쟁의 횟수가 다소 줄어들어 약 사백 육십여 차례 발생한다.[8] 그러나 전쟁의 규모나 기간 그리고 살인의 정도 측면에서 말한다면 전국시대는 춘추시대에 비하여 더

---

6) 楊寬, 『戰國史』, 上海, 上海人民出版社, 1991年, 36·56~58쪽 참조.

7) Cho-yun Hus, Ancient China in Transition, Ch. 2, Table 1, P. 56.

8) Hsu, op. cit., P. 64, Table 6.

심한 시기였다. 그래서 맹자 같은 경우는 이 시기를 "토지를 빼앗기 위해 전쟁을 하여 사람들을 들판에 가득 차게 죽이고, 성(도시)을 빼앗기 위해 전쟁을 하여 사람들을 성안에 가득 차게 죽인다."[9]라고 묘사하고 있다.

또한 현대의 역사학적 통계에 의하면 전국시대 이백 사십 이년 동안에 기록된 전쟁의 횟수는 468.5회(전국칠웅〔戰國七雄〕 사이에 벌어진 전쟁을 1회로, 기타 소국들 사이에 벌어진 전쟁을 0.5회로 계산함)이며 게다가 특이할 만한 점은 진시황의 천하통일 시기에 근접할수록 평화의 시기는 더욱 줄어든다는 점이다.[10]

전국시대에 각 제후국들 상호간의 정벌전쟁의 결과 당시의 백성들은 통치자의 전쟁을 수행하기 위한 소모품으로 전락하게 된다. 그래서 당시의 사상가들은 전쟁의 비참함과 백성들의 고통에 대하여 매우 동정적인 태도를 견지하며 전쟁에 대해서도 강력하게 비난을 한다. 전국시대의 제자백가는 당시 날이 갈수록 빈번하게 발생하는 전쟁에 대하여 모두 반대하는 태도를 견지하지만 묵자(墨子)만이 공리주의적 시각에서 전쟁문제에 대하여 날카로운 내놓는다. 묵자는 다음과 같이 말했다.

> 이제 큰 나라가 작은 나라를 공격한다면, 공격을 당하는 나라에서는 전쟁 때문에 농부들은 농사를 짓지 못하고 아낙네들

---

9) 『孟子』, 「離婁上」, "爭地以戰, 殺人盈野; 爭城以戰, 殺人盈城".

10) Hsu, op. cit., P. 64, Table 6.

은 길쌈 일을 못하고 나라를 지키는데 전념할 것이다. 다른 나라를 공격하는 나라에서도 역시 농부들은 농사를 짓지 못하고 아낙네들은 길쌈 일을 못하고 다른 나라를 공격하는데 전념할 것이다. 그러므로 큰 나라가 작은 나라를 공격하는 것은 비유하면 아이들의 말타기 놀이와 같은 것이다.[11]

비단 묵자 뿐만 아니라 거의 모든 전국시대의 사람들은 당시에 자행된 각 제후국들 상호간의 정벌전쟁으로 비롯된 참혹한 상황에 대하여서는 모두들 비통해 했다.

이상과 같이 전국시대의 역사적 상황에 대하여 개괄해보았다. 그렇다면 맹자는 자신이 처한 시대의 상황에 대하여 과연 어떻게 인식하고 있었을까? 다시 말하면 맹자는 당시의 현실 문제에 대하여 어떤 인식의 틀을 가지고 있었을까 하는 문제다. 이러한 문제에 관해서는 『孟子』에 기록된 맹자의 언급가운데서 맹자가 자신이 처한 시대에 대한 현실인식의 문제를 귀납할 수 있는데, 다음과 같은 몇 가지 시대적 문제가 도출된다.

먼저 가시적인 효과와 눈앞의 이익만을 추구하는 풍조가 만연하는 문제이다.

맹자가 보기에는 그가 처한 시대에 있어서의 가장 큰 문제는 당시의 사람들이 짧은 안목을 가지고 눈앞의 개인적인 이익만을 추구하는 점이었다. 이러한 상황은 맹자와 양혜왕(梁

11) 『墨子』, 「耕柱」, "今大國之攻小國也. 攻者, 農夫不得耕, 婦人不得織, 以守爲事; 攻人者, 亦農夫不得耕, 婦人不得織, 以攻爲事. 故大國之攻小國也, 譬猶童子之爲馬也."

惠王) 사이에 진행되었던 대화 속에서 쉽게 발견할 수 있다.

> 맹자가 양혜왕을 찾아뵈었는데 왕이 "어르신께서 천리길이 멀다하지 않고 오셨는데, 과연 어떤 방법으로 내 나라를 이롭게 하시겠습니까?"라고 말하자 맹자가 "왕께서는 어째서 이익만을 말씀하십니까? 다만 인과 의가 있을 뿐입니다! 왕께서 어떤 방법으로 내 나라를 이롭게 할까 라고 말하시면, 대부들은 어떤 방법으로 내 봉토를 이롭게 할까 라고 말할 것이며, 사계층과 일반 백성들은 어떤 방법으로 내 자신을 이롭게 할까 라고 말하게 되니, 이렇게 되면 윗사람과 아랫사람들이 서로 자신들의 이익만을 취하고자 하여 결국은 나라가 위태롭게 될 것입니다! 만승의 나라에서 그 군주를 시해하는 사람은 반드시 천승 규모의 봉토를 가진 사람일 것이고, 천승의 나라에서 그 군주를 시해하는 사람은 반드시 백승 규모의 봉토를 가진 사람일 것입니다. 만승의 규모에서 천승의 규모를 취하고, 천승의 규모에서 백승의 규모를 취하는 것이 많지 않은 것은 아닙니다만, 만일 의로움을 뒤로하고 이로움을 앞세운다면 빼앗지 않고는 만족할 수 없을 것입니다. 인하고서 그 어버이를 버리는 사람은 없고, 의로우면서 그 군주를 뒤에서 시해 사람은 없습니다. 왕께서는 다만 인과 의를 말씀하셔야할 뿐인데 어째서 꼭 이로움만을 말씀하십니까?"라고 대답했다.[12)]

12) 『孟子』, 「梁惠王上」, "孟子見梁惠王. 王曰: '叟! 不遠千里而來, 亦將有以利吾國乎?' 孟子對曰: '王何必曰利? 亦有仁義而已矣! 王曰何以利吾國, 大夫曰何以利吾家, 士庶人曰何以利吾身: 上下交征利, 而國危矣! 萬乘之國, 弑其君者, 必千乘之家. 千乘之國, 弑其君者, 必百乘之家. 萬取千焉, 千取百焉, 不爲不多矣! 苟爲後義而先利, 不奪不饜. 未有仁而遺其親者也! 未有義而後其君者也! 王亦曰仁義而已矣, 何必曰利?"

맹자는 평생동안 강인한 생명력으로 당시 사회에 만연한 짧은 안목을 가지고 눈앞의 개인적 이익만을 추구하는 풍조에 대하여 강렬하고 날카로운 비판 작업을 수행했다. 맹자가 의리(義利)에 대한 변별을 명확하게 하고자한 노력들은 당시의 역사적인 배경 속에서 볼 때 비록 고군분투의 비장함마저 느껴지지만, 그가 한 분투는 후일 중국지식인들에게 인격수립의 전범과 입신처세의 모범이 되었다.

다음은 정치의 타락 문제이다.

맹자는 당시의 정치상황에 대하여 다음과 같이 묘사하고 있다.

> 왕업을 이룬 자가 나타나지 않은 것이 이 때 보다 드물었던 적이 없었으며, 백성들이 학정에 시달려 초췌해진 것이 이 때 보다 심한 적은 없었다.……지금과 같은 시기에 만승의 나라가 인정을 실시한다면 백성들이 그것에 대하여 거꾸로 매달린 것에서 풀려난 것처럼 기뻐할 것이다.[13]

---

* 譯註 : 乘은 당시 전쟁에 사용되던 戰車를 의미하는 것으로 萬乘之國이란 전차를 만대 규모로 보유한 국가를 의미한다. 전차 한 대당 약 100여 명의 군졸이 배속되므로 전차 만대면 약 100만 명의 군대를 보유한 것이 된다. 100만 명의 군대를 동원할 역량을 갖춘 국가는 약 500~700만 명 규모의 인구를 갖춘 국가이다. 또한 춘추시대 이전에는 천자가 만승(萬乘)을 보유하였고, 제후는 천승(千乘)을 보유하였고, 대부는 백승(百乘)을 보유하였는데, 전국시대에 와서는 제후들 가운데도 만승을 보유한 사람이 보인다.

13) 『孟子』, 「公孫丑上」, “王者之不作, 未有疏於此時者也; 民之憔悴於虐政, 未有甚於此時者也.……當今之時, 萬乘之國行仁政, 民之悅之, 猶解倒懸也.”

맹자는 자신이 처한 그 시대에 각 제후국들의 군주들은 인정(仁政)을 실시하지 않고 그들 모두가 "백성들의 생업에 종사할 시기를 빼앗아 농사를 짓지 못해 그들의 부모를 봉양할 수 없게 하여 부모들은 얼어죽거나 굶어죽게 되고 형제와 처자식이 흩어진다"[14] 하는 정치상황을 만든다고 생각했다. 맹자는 당시의 통치자들 모두가 전쟁을 매우 좋아하는 것으로 보았는데 이러한 부분에 관해서는 "지금 저 천하의 군주들 가운데 사람 죽이기를 좋아하지 않는 자가 없다."[15]에 잘 나타나있다. 또한 맹자는 직접적으로 양혜왕(梁惠王)을 비판하여 "불인(不仁)하구나! 양혜왕 이여.……영토 확장 때문에 자신의 백성들을 피폐하게 하면서 싸우게 하였다"[16]라고 하며, 양양왕(梁襄王)을 "멀리서 바라보아도 군주 같지 않다"[17]고 질책한다.

그리고 맹자는 당시의 암울한 정치상황에 대하여 이상적인 정치의 구상도를 내놓는다. 맹자의 구상에 의하면 이상적인 통치자는 모든 분야에서 백성들의 복지를 위해서 구체적인 방안을 설정해야 한다고 생각했다. 그래서 맹자는 다음과 같이 말하고 있다.

---

14) 『孟子』, 「梁惠王上」, "奪其民時, 使不得耕耨以養其父母, 父母凍餓, 兄弟妻子離散"

15) 『孟子』, 「梁惠王上」, "今夫天下之人牧, 未有不嗜殺人者也"

16) 『孟子』, 「盡心下」, "不仁哉! 梁惠王也.……以土地之故, 糜爛其民而戰之"

17) 『孟子』, 「梁惠王」, "望之不似人君"

그러므로 현명한 군주는 백성들의 생업을 관장함에 있어서 반드시 위로는 충분히 부모를 섬길 수 있도록 하고 아래로는 충분히 처자식을 부양할 수 있도록 하고, 풍년에는 일년 내내 배부르게 하고 흉년에는 죽음에서 벗어나도록 합니다. 그런 뒤에 백성들을 선(善)에 유도하면 백성들이 따르기 쉽습니다. 그러나 오늘날에는 백성들의 생업을 관장함에 있어서 위로는 충분히 부모를 섬길 수 없게 하고 아래로는 충분히 처자식을 부양할 수 없게 하며, 풍년에는 일년 내내 고생하고 흉년에는 죽음에서 벗어날 수 없습니다. 이렇게 겨우 죽음에서 구제되기도 부족할까 두려워할 것인데 언제 예와 의를 배워 익힐 틈이 있겠습니까? 왕께서 (왕도정치를)실행하려고 하신다면 왜 그러한 근본으로 돌아가지 않습니까? 다섯 무의 집 주변에 뽕나무를 심으면 오십 세가 된 사람이 비단옷을 입을 수 있으며, 닭과 돼지와 개 그리고 큰 돼지를 기르는데 그 번식시기를 놓치지 않으면 칠십 세가 된 사람이 고기를 먹을 수 있으며, 백 무의 밭에 그 농사지을 시기를 빼앗지 않으면 여덟 식구의 집이 굶주리지 않게 할 수 있으며, 상서(학교)의 가르침을 신중하게 하고 거듭하기를 효제(孝悌)의 의리로써 한다면 머리가 반백이 된 사람이 길에서 무거운 것을 지거나 이지 않을 것입니다. 노인이 비단옷을 입고 고기를 먹으며 일반 백성들을 굶주리지 않게 하고 춥지 않게 하고서도 왕도정치를 실행하지 못한 사람은 없었습니다.[18)]

18) 『孟子』, 「梁惠王上」, "是故明君制民之産, 必使仰足以事父母, 俯足以畜妻子; 樂歲終身飽, 凶年免於死亡; 然後驅而之善, 故民之從之也輕. 今也制民之産, 仰不足以事父母, 俯不足以畜妻子; 樂歲終身苦, 凶年不免於死亡; 此惟救死而恐不贍, 奚暇治禮義哉? 王欲行之, 則盍反其本矣! 五畝之宅, 樹之以桑, 五十者可以衣帛矣; 鷄豚狗彘之畜, 無失其時, 七十者可以食肉矣; 百畝之田, 勿奪其時, 八口之家, 可以無飢

맹자는 위에서 묘사한 바와 같은 왕도정치의 실행은 가장 시급한 관건의 문제라고 생각했다. 이와 같이 맹자는 당시 사회의 문제에 대하여 심각한 고민을 하고 그 문제의 해결방안을 군주의 도덕성에 기초한 왕도정치에서 찾았음을 우리에게 보여주고 있는 것이다.

마지막으로 전쟁의 참혹함과 백성들이 겪는 고통에 대한 문제다.

전국시대의 각 국 제후들은 저마다 전쟁수행을 좋아하는 경향을 보이고 있다. 예를 든다면, 맹자가 추(鄒)나라에서 위(魏)나라로 갔을 때 양혜왕(梁惠王)은 매우 조급하게 맹자에게 "어르신께서 천리 길이 멀다하지 않고 오셨는데, 과연 어떤 방법으로 내 나라를 이롭게 하시겠습니까?"라고 묻는데 이것은 결국 양혜왕(梁惠王)이 염원하는 것은 "부국강병"[19]에 있음을 의미한다. 양혜왕(梁惠王)은 기원전 342년의 "동쪽으로는 제나라에 패해서 장자가 그곳에서 죽음"과 기원전 330년에 "서쪽으로는 진나라에게 칠백 리의 땅을 빼앗김"에 대한 아픔 늘 마음에 두고 있었다. 사실 맹자의 시대에는 양혜왕(梁惠王) 뿐만 아니라 다른 나라의 군주들 역시 전쟁을 수행하기에 급급했다.

또한 현대의 역사가인 장음린(張蔭麟) 같은 경우 춘추전국시대의 제후국 군주들에 대하여 다음과 같이 흥미롭게 묘사

矣; 謹庠序之教, 申之以孝悌之義, 頒白者不負戴於道路矣. 老者衣帛食肉, 黎民不飢不寒, 然而不王者, 未之有也."

19) 趙岐와 朱子 그리고 焦循 모두가 "부국강병"으로 양혜왕이 언급한 "利"자를 해석한다.

하고 있다.

> 만일 전쟁을 도박에 비유한다면 춘추시대의 열강들 가운데 오(吳)나라를 제외한 모든 나라들의 군주들은 수준 높은 자질과 심오한 내공을 가지고 있는 도박사들로 어떠한 경우에도 집을 저당 잡히고 전답을 파는 행위는 하지 않았다. 그러나 전국시대의 열강들은 반대로 대부분이 마구잡이로 도박을 일삼는 노름꾼들이었다. 그들은 매번 가진 재산을 몽땅 한번의 승부에 걸었다. 즉 그들은 매일 아침부터 저녁사이에 부자로 도박장에 들어가지만 결국은 돈을 다 잃고 알거지로 변해 도박장을 나온다. 비록 그들 사이에서 한 명의 노름꾼이 도박으로 집안을 일으키지만 결국은 전적으로 도박 파트너의 도박자금을 속여서 승리를 쟁취한 것이다.[20]

전국시대의 군주들은 하나하나 모두가 확실한 "마구잡이로 도박을 일삼는 노름꾼"이었다. 이러한 점에 관하여 맹자가 직접 경험하고 증명한 사실들로는 "제 나라가 연 나라를 공격함"[21]와 "추 나라와 노 나라의 싸움"[22] 그리고 "진 나라와 초 나라가 전쟁을 구상함"[23] 등이며 이것들 모두는 맹자와 그 제자들이 직접 경험한 사건들이다.

이상과 같은 내용들을 종합해 귀납해보면 맹자는 자신이 처한 시대의 현실인식에 대하여 다음과 같은 문제들을 지적

---

20) 張蔭麟, 『中國史綱』, 臺北, 正中書局, 1963年, 102쪽 참조.

21) 『孟子』, 「梁惠王下」, "齊人伐燕"

22) 『孟子』, 「梁惠王下」, "鄒與魯鬨"

23) 『孟子』, 「告子下」, "秦楚搆兵"

한다. 먼저 가시적인 효과와 눈앞의 이익만을 추구하는 풍조가 만연하는 세태를 지적한 문제 및 왕도정치가 실종된 세태를 지적한 문제 그리고 정벌전쟁이 빈번하게 발생하는 세태를 지적한 문제이다.

맹자가 묘사했던 전국시대의 모습은 현대의 학자들이 묘사한 전국시대의 역사적인 상황과는 본질적인 면에 있어서는 차이가 없다고 할 수 있다. 자국 중심의 이기적인 이익만을 추구하는 세태의 유행은 춘추시대 이래로 진행된 사회 경제의 급격한 발전과 상호 깊은 관련이 있으며 각 국의 정치인들의 단견과 빈번한 전쟁의 발생은 주 왕조 천자 권위의 붕괴와 봉건체제의 점진적인 와해와 깊은 관련이 있다. 이러한 시기에 생존했던 맹자는 시대의 아픔을 통감하여 현실상황의 문제를 비판하는 가운데 자신의 시대를 이상적인 바른길로 이끌어가고자 한 것이다.

2. 철학적인 배경

맹자는 선진유학(先秦儒學)에 있어서 매우 큰 영향력이 있는 사상가였으며, 그가 세운 철학사상체계는 그가 선진유학 가운데 확고한 위치를 차지할 수 있는 중요한 역할을 한다. 맹자의 사상은 성선설을 출발점으로 삼는데 즉 인간의 본성은 선하다는 것으로 '성'(본성)과 '천도'(天道)의 관계 위에서 '진심(盡心)' '지성(知性)' '지천(知天)'을 주장하여 이것으로 '천'(天)과 인간 그리고 자신과 사물이 관통된다고 하는 것이다. 맹자 사상의 기본적인 특징은 '내성'(內聖)으로 '외왕'(外王)이 관통한다고 하는 것이다. 그는 '심성'(心性)문제에 대한 언급에서 '성'(性)과 '천도'(天道)의 연결에 대한 것은 모두 그의 현실정치에 관한 주장과 진정한 생명존중이라는 이상적인 가치체계의 이론적 기초를 다시 세우기 위한 것이었다.

맹자는 공자가 수립해놓은 유학사상의 기초 위에 자신의 사상체계를 전개하여 유가사상의 계승자이자 또 상세한 해석가로서 공자가 충분히 확대시키지 못한 유학의 기본정신을 발전시켜 엄밀하고 논리적인 구조를 갖춘 사상체계를 구축한다. 그리고 맹자는 이러한 사상체계를 그가 생존하던 시기의 현실 속에 직접 적용하여 당시의 혼란한 세상을 변화시키려고 시도했으며 특히 현실정치문제에 대한 구체적인 해결방안으로 제시했던 점은 충분히 가치가 있다고 할 수 있다.

'성'(性)과 '천도'(天道)의 문제는 유학사상의 중심문제 가운데의 하나라고 말 할 수 있다. 이러한 문제는 유학에 있어서 '천인합일'(天人合一)사상의 핵심 명제로 공자가 가장 먼저 제기하지만, 공자의 사상체계 속에서 이러한 명제 자체에 관한 충분한 논의를 찾아보기란 매우 어렵다. 『論語』 전편을 아무리 분석해보아도 공자가 '성'과 '천도'의 문제에 대하여 심도 있는 언급을 한 부분은 찾아보기 어려운 실정이다. 그러나 맹자에 이르러서는 그의 '인성론'(人性論) 속에서 공자의 '성'과 '천도'에 관한 문제가 보다 명확해지는데, 즉 그는 공자가 내적 체험을 통해 인식한 '성'과 '천도'를 하나의 보편적인 성격을 가진 명제로 규정하고 그것이 이성적인 사유로 논증될 수 있다고 하여 곧 인간은 선천적으로 선한 본성을 가진 존재임과 동시에 이것을 바탕으로 "진심 지성 지천"의 경지에 도달할 수 있다고 하는 비교적 순수한 철학사상체계를 건립한다. 이러한 사상체계 가운데 '천인합일'(天人合一)은 그 사상의 핵심을 이루고 있다.

공자의 사상 가운데 있어서 '천'(天)은 두 가지 특성을 가지고 있는데, 그 가운데 하나는 공자가 종교적인 색채를 띤 '천명'(天命)에 관련된 '천'(天) 관념을 계승한 부분이다. 즉 공자는 '천'(天)이 모든 사물과 인간의 운명을 결정하는 불가항력적인 능력을 가지고 있다고 생각했다. 다른 하나는 공자가 전통적인 '천'(天) 관념을 변화시킨 부분이다. 즉 공자는 '천'(天)이 인간과 사회에 동떨어져 따로 존재하는 것이 아니라 인간과 사회 속에 존재한다고 생각했다. '천명'은 존재하는 모든 사물과 인간사회의 운행 가운데 있는 것으로 인간은 '천명'에 순응해야 하지만, 그렇다고 인간사의 일들을 팽개치면서까지 맹목적으로 '천명'에 순응해야하는 것이 아니라 인간사의 일들을 해나가는 과정 속에서 '천명'에 순응하고 또 그것을 체득해야 한다고 했다.

맹자의 사상 가운데 있어서의 '천'(天) 역시 두 가지 특성을 가지고는 있지만, 그는 상대적으로 전통적인 종교적 색채를 띤 '천명'과는 비교적 거리를 유지하고 있다. 그래서 그의 사상 가운데 전통적인 종교적 색채를 띤 '천명'은 많은 부분에 있어서 삭제되어서 '천'(天)은 더 이상 인간과 사회에 따로 떨어져 외재하면서 인간사를 주재하는 존재가 아니고 바로 인간의 '심성'(心性)에 내재되어 있는 존재로 변한다. 이와 같이 맹자는 한편으로는 '진심'(盡心)과 '지성'(知性)을 통하여 '천'(天)을 인식하고, 다른 한편으로는 '천'(天)에 도덕적 속성을 부여하여 인간의 마음 가운데 '천'(天)의 본질이 갖추어져 있다고 하여 도덕 가치판단의 근거로 '천'(天)을 이해한다. 이러한 '천인관계'(天人關係)는 '천'(天)과 인간을 상호 대립하는 관계에서 점진적으로 상호 조화하는 관계로 이끌어 간다.

또한 공자와 마찬가지로 맹자의 '천'(天) 관념은 그가 생존했던 시대의 사회·정치구조와 경제 형태 그리고 역사상황을 반영한 것이며, 그 속에는 그가 열망했던 이상적인 사회의 모습이 투영되어 있다.

'인'(仁)과 '예'(禮)는 공자 사상에 있어서 두 개의 커다란 지주라고 할 수 있다. 또한 '인'(仁)과 '의'(義)는 비록 공자의 사상체계에 있어서 기본 골격과도 같은 것이라고 할 수 있으나 그 내용에 있어서 충실하고 풍부한 면모를 찾아보기는 매우 힘들다고 할 수 있다.

공자가 '인'(仁)에 대하여 여러 분야에서 언급하고는 있지만 어느 곳에서도 명확하게 규정해놓고 있지 않아서 그것을 바탕으로 이루어진 이론체계 역시 찾아볼 수 없으며 또한 '인'(仁)에 관련된 각 각의 내용들 사이의 논리적인 관계도 보이지 않는다.

'예'(禮)에 대해서 공자는 '인'(仁)으로써 설명해나가지만, 본질적으로는 여전히 '주례'(周禮)의 연장선에 머물고 있어서 공자가 처한 시대의 새로운 사회문제와 연관된 내용들을 흡

수할 수 없었다.

맹자의 사상 속에는 많은 부분에 있어서 공자의 '인'(仁)관념을 흡수한 흔적들이 보이는데 특히 그는 공자의 '인'(仁) 이론을 발전시켜 한층 더 엄밀한 사상체계를 수립한다. 공자의 사상 속에는 사실상 이미 '성선설'의 가능성이 보이는데 즉 그는 '인'(仁)으로 '인성'(人性)의 본질을 규정하여 그것은 필연적으로 선한 것이라고 한다. 맹자는 '인'(仁)의 범주와 '인성'(人性)의 범주를 더욱 명확하게 연결하여 '인'(仁)을 인간의 내재적 규정성으로 생각하고 그것의 근거를 인간 내면의 마음에서 찾는다.

더 나가 공자는 비록 '인'(仁)을 '외왕'(外王)의 근거라고 설명하여 '인'(仁)을 이용하여 인간과 사회 그리고 '내성'(內聖)과 '외왕'(外王)을 하나로 관통시키지만 '인'(仁)의 현실정치에 대한 작용에 관하여서는 충분한 설명을 하지 않았다. 그러나 맹자는 '인'(仁)의 현실정치에 대한 작용을 '왕도정치'(王道政治)라는 좀더 구체적인 이론을 가지고 그것의 실천적인 기능에 그 역점을 둔다.

이상과 같은 사실들을 종합해보면 맹자의 사상은 공자로부터 출발하여 공자 사상의 기본정신과 사유방식을 계승하여 공자의 사상을 더욱 발전시킨다. 사실 공자가 구축한 사상체계와 기본적인 사상특징은 맹자를 거쳐 더욱 분명해지고 발전된 형태를 갖추게 되어 사람들이 정확하게 이해할 수 있게 된 것이다.

맹자 사상의 전승관계에 대하여 살펴보면, 그가 생존했던 시대는 '백가쟁명'(百家爭鳴)의 시기로 각각의 사상가 집단이 매우 왕성하게 활약하였다. 또한 모든 사상가 집단은 당시의 사회문제를 위하여 저마다 독자적인 해결 방안을 내놓는다. 그들 가운데 가장 영향력이 있던 집단은 양주(楊朱)와 묵가(墨家)학파였다.

맹자는 일찍이 당시의 사회적 분위기에 대하여 "세상의 미풍양속이 쇠퇴하고 올바른 도리가 미약해져 잘못된 학설과 포악한 행동이 또 일어나"[24]라고 말하고 있으며 지식인을 자칭하며 마구잡이로 학설을 내놓는 사람들 가운데 양주와 묵가학파의 학설이 세상에 가장 많이 풍미하고 있다고 했다. 맹자는 양주와 묵가학파의 영향력이 종식되지 않아서 공자의 학설이 세상에 알려지지 않는다고 생각한다. 그래서 그는 양주와 묵가학파의 학설들을 혹세무민하는 이단사설로 간주하는 한편 공자의 학설을 널리 알리기 위해 고군분투한다.

맹자는 일찍이 자사의 제자에게 학문을 배워[25] 공자문하의 정통임을 자처하는 한편 자신이 공자의 학설을 이어받은 적자라고 생각했다. 그래서 맹자는 공자의 학설을 널리 전파하기 위해 공자를 숭상하여, 공자야말로 집대성 자이고 인류 역사상 가장 뛰어난 성인이라고 말한다. 맹자의 이러한 학술상의 전승관계에서 우리는 그가 유학의 학설을 양주와 묵가학파의 학설에 대항하기 위하여 이용한 사실을 찾아볼 수 있으며 또 한편으로 이것은 맹자 자신의 사상형성에 매우 많은

24) 『孟子』, 「滕文公下」, "世衰道微, 邪說暴行有作"

25) 司馬遷, 『史記』, 「孟軻荀卿列傳」.

작용을 했음도 찾아 볼 수 있는 것이다.

맹자가 공자의 사상을 계승하여 자신의 사상체계를 더욱 발전시킬 수 있었던 주요한 요인은 그가 생존했던 시대와 밀접한 관련을 맺고 있다. 사실 맹자의 사상은 공자로부터 기본정신을 계승한 것인데 더 주목할 만한 점은 맹자가 공자의 사상체계를 바탕으로 전국시대의 현실사회 문제를 연구했다는 것이다. 이와 같이 볼 때 우리는 공자와 맹자가 자신들이 직면한 시기의 현실문제에 대하여 서로 다른 태도를 취했을 것이라는 것을 발견할 수 있을 것이다.

공자는 춘추시대에 생존했는데 그 시기가 비록 예악이 붕괴되고 천하에 도가 없으며 '오패'(五覇)가 발흥하는 상황이었지만 당시 천하의 주인은 여전히 주 왕조의 천자였으며 각국의 제후들은 여전히 천자의 권위를 빌려 천하를 호령했다. 또한 주 왕조의 '예악'(禮樂)문화가 여전히 사회적 기능의 역할을 했으며 사회적으로도 주 왕조의 찬란한 문화이상이 존재하고 있었다. 공자는 이러한 시대에 생존하면서 천하에 '도'(道)가 사라진 상황을 '도'(道)가 존재하는 사회로 변모시키고자 했으며 또한 '예악'(禮樂)이 붕괴된 당시의 사회에 질서를 회복시키려는 열망으로 서주시대(西周時代)의 모든 문화를 전범으로 삼았다.

맹자의 시대에는 주 왕실의 권위가 이미 땅에 떨어지고 제후들의 세력이 갈수록 강력해져 주 왕조의 부흥은 더 이상 기대할 수 없는 지경에 이르렀으며 천하를 통일하고자하는 새로운 추세가 이미 형성되어 있었다. 이러한 시기는 "위로는 천자가 없고, 아래로는 제후들이 없다"[26]는 시대였다.

맹자가 직면한 당시의 상황을 좀더 구체적으로 보면 다음과 같다. 먼저 빈번한 전쟁의 발생이다. 『孟子』에 있는 "토지를 빼앗기 위해 전쟁을 하여 사람들을 들판에 가득 차게 죽이고, 성(도시)을 빼앗기 위해 전쟁을 하여 사람들을 성안에 가득 차게 죽인다."[27]라는 기록과 『戰國策書錄』에 있는 "큰 나라가 작은 나라를 병합하는 전쟁에서……피가 들판에 가득 차게 흘렀다."[28]라는 기록에서 볼 수 있듯이 당시의 전쟁 양상은 매우 참혹했다.

다음은 각 국의 제후들은 모두 천하를 통일하려는 야심을 가지고 있었기 때문에 자주 겸병전쟁이 발생하고 그 결과 몇 개의 규모가 큰 제후국이 형성되어 혼란한 천하통일의 추세는 눈앞에 다가오고 있었다. 또한 당시 각 국의 제후들은 저마다 통일의 대업 달성하기 위하여 앞다퉈 변법제도를 도입하고 채용하여 부국강병을 도모했다.

잦은 전쟁으로 인한 참혹함과 부국강병이라는 목표가 서로 결합한 결과 기존의 주 왕조가 만든 찬란한 문화적 가치들은 모두 무용지물의 신세로 전락하여, 다시는 사람들의 사상이나 사람들의 행위규범 그리고 사람들을 발전적인 방향으로 인도할 능력을 상실한 결과 당시의 사회는 전쟁이 그칠 날이 없

---

26) 劉向, 『戰國策書錄』, "上無天子, 下無方伯".
위의 책은 嚴可均 校輯, 『全上古三代秦漢三國六朝文』, 第一册, 北京, 中華書局, 1995年, 에 수록되어 있다.

27) 『孟子』, 「離婁上」, "爭地以戰, 殺人盈野; 爭城以戰, 殺人盈城".

28) 劉向, 『戰國策書錄』, "并大兼小……流血滿野"

고 거짓과 사기가 난무하여 보편적인 도덕가치가 상실되는 극한 상황으로 치닫게 된다.

이러한 사회적 분위기의 조성 결과는 다음과 같은 두 가지 측면으로 요약 될 수 있다. 먼저 천하통일의 기초를 다지기 위해 각 제후국에서는 부국강병 정책을 적극 채용한다. 이러한 과정 속에서 인적자원의 가치는 전쟁을 수행하기 위한 수단과 경제생산의 주체로서 매우 중요하게 취급된다. 그래서 당시의 통치자들과 사상가들은 인적자원을 매우 중시했으며 특히 인성에 대하여 관심을 집중하게 된 것이다.[29]

다른 한 측면으로는 전쟁자체의 문제이다. 즉 전쟁은 백성들의 생명과 재산을 매우 심하게 파괴하여 당시의 사회발전에 커다란 장애요소로 자리잡는 한편 사회의 안정과 질서를 심각하게 훼손했다. 이러한 결과는 맹자의 사상형성에 매우 커다란 영향을 미칠 수밖에 없었으며 그가 공자 사상의 기초 위에 진일보한 이론체계를 창조하여 자신 사상체계의 원동력으로 삼게 되었던 것이다.

사실 맹자 자신은 시대의 조류를 역행한 사상가는 아니었다. 맹자는 새로운 시대의 도래를 염원하여 고군분투했으나, 과연 어떻게 새로운 시대를 건립할 것인가 즉 새로운 시대를 어떤 형태의 기초 위에 건립할 것인가에 대하여 현실의 통치자들과 커다란 차이를 보이고 있다. 즉 맹자는 전쟁의 폐해와 제후들의 폭정을 목격하고 왕도정치를 실행할 것을 주장하여

---

29) 中國古代史敎學小組編, 『先秦史』, 長春, 東北師範大學函授敎育處, 1958年, 343쪽 참조.

전쟁과 폭정을 필사적으로 반대한다. 그는 제후국들이 천하통일을 달성할 수 있는 매우 간단하고도 구체적인 방안을 제시하는데 살인을 좋아하지 않는 것(전쟁을 반대함)과 왕도정치를 시행함이 바로 그것이다. 당시에 맹자는 새로운 시대가 과연 어떠한 상황으로 전개될지는 직접 목격하지는 못했지만, 서주(西周) 시대 초기와 같은 정치형태로는 회귀할 수 없음을 인식하고 자신의 관념가운데의 요순(堯舜) 시절의 정치상황을 설정하여 이상적인 사회의 형태로 삼았다.

다른 한편으로는 맹자는 각 국의 제후들에게 맞서서 당시의 정치사회를 비판하고 정치가치의 척도를 제시하는 가운데 자신의 사상체계 속에 이성적 사고와 현실사회에 대한 인식을 더욱 풍부하게 했다. 그러므로 자신의 사상을 공자사상을 기초로 더욱 충실한 발전을 이룩할 수 있었던 것이다. 이러한 모든 것들이 자신이 생존했던 시대와 그가 직면한 시대적 과제와 밀접한 관련이 있는 것이다.[30]

또한 맹자의 왕도정치체제에 대한 구축은 요순(堯舜)시절의 이상적인 세계를 건설하려는 시도로 이상사회를 현실사회에 반영한 것이라고 할 수 있다. 단 여기에서 우리가 간과해서는 안될 부분은 맹자가 '외왕'(外王) 측면뿐만 아니라 '내성'(內聖) 측면에 있어서도 공자의 사상을 충분히 발전 시켰다는 점이다. 맹자의 '외왕'(外王)사상은 성선설의 기초 위에 수립된 것으로, 다시 말하면 '인성'(人性)의 '선'(善)함을 기본 바탕으로 그것을 정치에 확대하여 왕도정치를 실행한다는 것이다.

30) 侯外廬, 『中國古代社會史論』, 北京, 人民出版社, 1954年, 309쪽 참조.

그러므로 '내성'(內聖)과 '외왕'(外王)은 맹자의 사상체계 속에 있어서 불가분의 관계로 자리 매김 하게 되는 것이다. 바로 이러한 점이 맹자가 공자 사상체계의 기초 위에 유가사상의 '내성외왕'(內聖外王)의 사회적 이상을 충분히 발전시킨 것이며 또한 유학의 천인합일의 사상체계를 확립한 것이라고 할 수 있는 것이다.

제 3 장

도덕사상의 토대

1. 성선설의 기본 형태

맹자가 인성론에 대하여 성선설의 입장을 수립한 것은 현실에서 벗어난 허구적인 집착이 아니고 당시 사회에서 보편적으로 유행하던 다른 학설들을 직시한 결과이며, 더나가 철학자가 개인적으로 현실과 괴리된 오묘한 이치를 탐구하고 소모적인 언어적 유희를 통해 자기만족을 추구하기 위해서 내놓은 것은 더욱 아니다. 성선설은 맹자 자신의 도덕실천의 진실한 실현인 것이다. 그러므로 주군진(周群振)은 "인간의 본성은 선천적으로 선량하다"[1]라고 주장하고, 서복관(徐復觀)은

---

1) 周群振은 이 구문에 대하여 "인간이 선량한 본성을 통하여 인의를 실천하고 도덕을 추구함은 인간의 선천적인 직분이며 그 생명의 여정 가운데 필연적으로 실천해야만 하는 자신의 임무다. 좀더 깊이 형이상학적 경지로 들어가서 본다면 단도직입적으로 인성은 곧 도덕이며 도덕은 곧 인성인 것으로 인성과 도덕은 근본적으로 같은 것이라고 말할 수 있다. 인간 세계가 당연히 인의도덕으로 이루어진 구체적인 상황은 실제로는 모두 형이상학적 경지의 지선무악(至善無

"맹자는 인성은 선해야만 한다고 생각한 것이 아니고, 인성은 실제로 선한 것이라고 생각했다."[2]라고 말하고 있는 것이다.

그래서 맹자가 성선설을 주장한 것은 한편 적극적으로는 "이미 그러한 사실을 설명하기 위함"[3]이며 즉 다시 말한다면 본성이 이미 드러난 바와 같이 선하다는 사실을 설명하기 위한 것이며, 다른 한편 소극적으로는 인성이 본래 선하다는 이론과 괴리된 모든 견해들에 대하여 설득력 있는 주장을 통하여 잘못된 이론들을 바로잡기 위해서이다.

맹자 성선설의 주요한 내용은 이러한 논쟁들을 통하여 시작되고 나타나는데 그 가운데 특히 「告子」편 속에서 맹자와 고자 사이의 논쟁 가운데 가장 극명하게 드러나 있다. 그러므로 본 절에서는 "버드나무의 비유"와 "고여서 맴돌고 있는 물의 비유"를 중심으로 맹자 성선설의 기본 형태를 분석해 보겠다.

1) 버드나무의 비유

고자가 인성은 버드나무와 같고 의는 나무로 만든 술잔과 같으니, 사람의 본성을 인의라고 하는 것은 버드나무로 술잔을 만드는 것과 같은 것이라고 말했다. 그러자 맹자가 자네는 버드나무의 성질에 따라서 나무 술잔을 만들 수 있는가? 장차 버

惡)적인 초월적 본체의 자기 표현인 것이다."라고 해석했다. 周群振, 『儒學探源』, 臺北, 鵝湖出版社, 1986年, 152쪽 참조.

2) 徐復觀, 『中國人性論史』, 臺北, 臺灣商務印書館, 1990年, 164쪽 참조.

3) 周群振, 『儒學探源』, 臺北, 鵝湖出版社, 1986年, 154쪽 참조.

> 드나무를 죽인 이후에야 술잔을 만들 것이니, 만일 버드나무를 죽여서 술잔을 만든다고 한다면 사람을 죽여서 인의를 만든다는 것인가? 온 세상 사람들이 이러한 것을 따라서 인의를 실천함에 해를 입히게 된다면, 그것은 반드시 그대의 말에서 비롯된 것일 것이다! 라고 말했다.[4]

위의 인용문에서 의미하는 맹자와 고자 사이에서 벌어진 논쟁의 초점은 바로 어떤 방식에 의해서 '인성'(人性)과 '인의'(仁義)가 연결되어 있는가?[5] 라는 문제로 귀결될 수 있다. 즉 '인성'(人性)과 '인의'(仁義)는 과연 선천적으로 내재적인 연관이 있는가, 아니면 후천적인 노력에 의해서 연결되는 것인가? 이러한 문제들에 대하여 고자는 바로 후자의 입장을 취하여 버드나무와 나무로 만든 술잔의 비유를 들어서 자신의 논리를 펼치는 것이다. 그러나 맹자는 전자의 입장에서 고자가 설정한 비유들의 반박을 통하여 고자가 인식하고 있는

---

4) 『孟子』, 「告子上」, "告子曰: 性, 猶杞柳也; 義, 猶杯棬也. 以人性爲仁義, 猶以杞柳爲杯棬. 孟子曰: 子能順杞柳之性而以爲杯棬乎? 將戕賊杞柳而後以爲杯棬也? 如將戕賊杞柳而以爲杯棬, 則亦將戕賊人以爲仁義與? 率天下之人而禍仁義者, 必子之言夫!"

5) 혹자는 고자(告子)가 주장한 "인성은 선함도 없고 선하지 않음도 없다"것을 근거로 고자는 인의(仁義)를 갖춘 사람이 존재하지 않는다고 단언하기도 하지만, 이러한 단언은 분명히 잘못된 것이다. 고자(告子)가 주장한 "인은 안에 있고 의는 밖에 있는 것이다"라는 언급에서 볼 수 있듯이 그는 이미 인의로 대표되는 도덕의 존재를 분명하게 표시했다. 그리고 고자(告子)의 인성론에 반대 입장을 표명하는 맹자 역시 이러한 논점을 근거로 고자(告子)의 인의가 인성에 외재한다고 하는 논리를 반박하는 것이다.

'인성'(人性)과 '인의'(仁義)의 관계가 잘못되었다는 논리를 펼친다.

이러한 논쟁 가운데 고자는 먼저 비유방법을 통하여 직접적으로 자신의 '인성'에 대한 견해를 "인성이 인의가 되는 것은 버드나무로 술잔을 만드는 것과 같다."[6]와 같이 피력한다. "인성은 버드나무와 같고 의는 나무로 만든 술잔과 같다."와 같이 고자는 버드나무와 술잔 사이의 관계를 비유로 들어서 '인성'(人性)과 '인의'(仁義) 사이의 관계를 비유하는데 이것은 곧 버드나무와 술잔의 관련방식으로 '인성'(人性)과 '인의'(仁義)의 관련방식을 비교한 것으로, '인성'(人性)과 '인의'(仁義)는 버드나무와 술잔의 관계와 같다는 것이다.

이러한 점들을 근거하여 볼 때 버드나무가 술잔에 대하여 전자는 후자의 재질이나 재료가 되고 술잔이 버드나무에 대하여서는 곧 술잔이 버드나무를 재료로 하여 만들어진 완제

6) 이러한 문제에 대하여 진대제(陳大齊)는 색다른 견해를 갖고 있는데, 그는 "'인성이 인의가 되는 것은 버드나무로 술잔을 만드는 것과 같다.'는 언급이 고자 본인의 주장을 대표한다고는 생각하지 않는다. 오히려 고자는 이러한 논거를 이용하여 맹자의 인성론을 비판한다." 고 한다. 진씨의 견해에 근해서 보면 버드나무는 재료이고 나무로 만든 술잔은 곧 재료를 이용하여 만든 완제품으로 이러한 "재료와 완제품은 동일한 사물로 볼 수 없는 서로 다른 두 개의 사물이다. 고자는 이러한 논리에 의해 버드나무와 술잔 사이의 관계를 설정을 하고, 그것으로써 인성과 인의 사이의 관계를 비유한 것이다. '인성이 인의가 되는 것은 버드나무로 술잔을 만드는 것과 같다.'는 말은 맹자가 이러한 고자의 논리를 무시하고 혼동에 빠졌기 때문에 주장한 것이다." 陳大齊, 『孟子的名理思想及其辯說實況』, 臺北, 臺灣商務印書館, 1983年, 138쪽 참조.

품이 된다는 것을 알 수 있다. 그러나 재료는 재료이고 완제품은 완제품일 뿐으로, 재료가 되는 버드나무는 그 자체로서 완성된 형태의 술잔이 될 수 없으며 또한 그 자체능력에 의해 술잔이 될 수 없기 때문에 버드나무는 자연적으로 술잔이 될 수 없는 것이다.

이러한 재료로서의 버드나무가 완제품 형태의 술잔이 되기 위해서는 버드나무 자신의 능력으로는 절대로 불가능하며 반드시 외적인 작용이 있어야만 가능한 것이다. 이것은 곧 버드나무 그 자체는 앞으로 어떤 형태의 그릇으로 만들어질 수 있는 결정을 내릴 수 없는 즉 스스로 자주적인 결정을 내릴 수 없는 존재임을 의미하는 것이며, 그것이 완성된 형태의 술잔이 되기 위해서는 반드시 후천적인 가공을 통해야만 가능하다는 것이다.

이와 같이 볼 때, 버드나무와 술잔 사이에는 어떠한 자연적인 생성관계도 존재하지 않음을 발견할 수 있으며 또한 버드나무가 술잔이라는 완성품이 되기 위해서는 외부로부터 실질적인 인위작용이 더하여 질 때 비로소 가능하다는 것을 알 수 있다.

그런데 고자는 버드나무를 '인성'(人性)에 비유하고 술잔을 '인의'(仁義)에 비유하여 '인성'(人性)에 대한 '인의'(仁義)의 관계를 버드나무에 대한 술잔의 관계로 비유하였다. 그래서 '인성'(人性) 가운데는 '인의'(仁義)로 대표되는 '선'(善)의 요소가 없는 것으로 파악하여 '인성'(人性)이 '인의'(仁義)의 덕을 펼치기 위해서는 '인성'(人性) 자체의 자연적인 능력으로 불가능하고 반드시 후천적인 조치가 있어야만 가능하다는 것이다. 이처럼 고자(告子)는 '인의'(仁義)가 실재로는 '인성'(人性)의 외부에 존재하는 것으로 생각하여 '인성'(人性)과 '인의'(仁義) 사이가 관련되는 것에 대해서는 반대하지는 않았지만 선천적이며 내재적으로 연결된 것이라고는 생각하지 않고 후천적인 노력을 통해서만 그것들을 연결할 수 있다고 하였다.

맹자는 고자의 이러한 견해에 반대를 한다. 즉 맹자는 '인성'과 '인의' 사이의 관계를 후천적이며 종합적인 관계로 보질 않고 선천적이며 내재적으로 연결된 관계로 보았다. 이러한 점에 대한 하숙정(何淑靜)의 견해는 눈여겨볼 만하다.

> 버드나무로 술잔을 만들기 위해서는 반드시 후천적인 인간에 의한 작업을 통하여야만 한다. 즉 버드나무와 술잔의 관계는 종합적인 것으로 이 둘의 관계는 후천적인 인위에 의해서 건립되는 것이다. 그러므로 버드나무와 술잔은 필연적인 연결관계가 없는 것이기 때문에 이러한 것으로 인성과 인의를 비유하면 곧 이 둘의 관계는 종합적으로 되어 인성과 인의의 연결에는 필연성이 없게 되는 것이다. 이것은 곧 인성에는 필연적으로 인의가 될만한 가능성이 없어 인의를 이루기 위해서는 후천적인 노력이 반드시 필요하다는 것을 의미하는 것이다. 인간이 버드나무처럼 재료가 되어 술잔과 같은 완성품을 만들 수 있다는 말은 역시 인간이 기타 다른 제품의 재료가 될 수 있다는 것을 의미하는 것이지 버드나무가 술잔을 만들 수 있는 것처럼 필연적인 것은 아니다. 즉 버드나무는 다만 인위적인 작업을 가해야할 재료에 불과하기 때문에 그 자체로는 자신이 장차 어떤 형태의 제품으로 변형될 것인지에 대해서는

> 어떠한 주체적인 작용을 할 수 없기 때문이다. 같은 맥락에서 보면 곧 버드나무로 인성을 비유하고 술잔으로 인의를 비유하게 되었을 때 인성과 인의의 관계는 이와 같이 된다는 것이다. 즉 인간의 인성을 재료로 삼아서 인의를 만들 수 있다는 것은 역시 인성으로 불인(不仁)하고 불의(不義)함의 재료를 삼을 수 있다는 말과 같게되어 인성과 인의 사이에는 필연적인 연결관계가 없게되는 것이다. 다시 말하면 인성에는 필연적으로 인의를 이룰 수 있는 가능성이 없기 때문에 인의는 후천적인 인위의 결과물이라는 것이다.[7)]

고자(告子)는 이와 같이 '인성'(人性)을 파악하여 '인성'(人性)에는 본래 '인의'(仁義)로 대표되는 도덕성이 갖추어져 있지 않아서 '인의는 후천적인 인위의 결과물'로 보았다. 그래서 고자는 '인의'(仁義)가 '인성'(人性)에 대하여 단지 후천적으로 그 안에서 보좌하는 기능을 갖추었을 뿐이라고 생각했다.

이러한 점들을 기초로 유추해보면 "버드나무의 성질을 따라 나무 술잔을 만든다"는 것은 불가능하게 되며 반드시 외부로부터의 인위적인 조작이 수반되어야만 비로소 술잔을 만들 수 있게되는 것이다.

이와 같은 비유를 근거로 '인성'(人性)과 '인의'(仁義)의 관계를 보면 어떻게 "사람을 죽여서 인의를 만든다"는 것이 가능할 것이며, 인간이 '인의'(仁義)로 대표되는 도덕행위를 실천하는 것을 버드나무를 반드시 도끼로 찍어 상하게 한 뒤에

---

7) 何淑靜, 『孟荀道德實踐理論之硏究』, 臺北, 文津出版社, 1988年, 144쪽 참조.

술잔을 만드는 것처럼 비유할 수 있겠는가!

만일 이와 같다면 '인의'(仁義)가 '인성'(人性)에 대하여서 반드시 '인성'(人性)의 '인성'(人性)이 되는 인성본래의 성분을 죽인다는 것으로, '인의'(仁義)는 '인성'(人性)을 파괴하고 만들어진 것이 된다. 그래서 맹자는 고자의 이와 같은 '인성'(人性)과 '인의'(仁義)의 관계에 대한 견해를 준엄하게 비판하는 것이다.

위에서 언급한 내용들 가운데 비록 맹자의 인성론에 대한 구체적인 설명은 찾아보기 어렵지만, 그의 기본 입장은 이미 매우 분명하게 드러난다. 맹자는 '인의'가 '인성'에 대하여 선천적이고 내재적으로 구비되어 있기 때문에 '인성'의 본래 모습은 선하다는 것이다.

이러한 견해는 고자와 비교했을 때 상당한 차별성을 갖는다. 즉 고자는 '인성'과 '인의'의 관계를 후천적이며 종합적인 관계로 파악하여 그것들의 연결은 필연성이 없고 그것들 사이의 관련은 후천적인 노력에 의해 결정된다고 보았다. 고자의 이러한 견해에는 이미 "인성에는 선함도 없고 선하지 않음도 없다"는 의미가 내포되어 있다고 볼 수 있다.[8)]

---

8) 고자는 "버드나무의 비유"에서 "인성에는 선함도 없고 선하지 않음도 없다"라는 주장을 분명하게 하지는 않지만, 고자가 인성을 버드나무와 같은 것으로 비유한 점을 유추해 볼 때 인성을 중립적인 재료의 의미로 파악했음을 알 수 있다. 이러한 고자의 견해는 가치 중립적인 인성관을 내포하고 있는 것이라고 할 수 있는 것이다.

2) 고여서 맴돌고 있는 물의 비유

> 고자가 인성은 고여서 맴돌고 있는 물과 같아서 동쪽으로 터놓으면 동쪽으로 흐르고 서쪽으로 흐르는 것과 같은 것이기 때문에 인성의 선과 선하지 않음의 구분이 없는 것 역시 물이 동서의 구분이 없는 것과 같다고 말했다. 그러자 맹자가 물은 과연 동서의 구분이 없지만 위아래의 구분이 없는 것인가? 인성이 선하다는 것은 물이 아래로 흐르는 것과 같으니, 사람들에게 선하지 않음이 없는 것이며 물은 아래로 흘러가지 않음이 없는 것이다. 지금 물을 손으로 쳐서 튀게 하면 이마보다 높이 올라가게 할 수 있으며, 막아서 역류하게 하면 산에 있게 할 수 있지만, 이것이 어떻게 물의 본성이겠는가? 그 외부의 힘이 그렇게 한 것이다. 사람이 선하지 않은 일을 할 수 있게 되는 것은 그 본성이 변해서 그렇게 한 것이다 라고 말했다.[9]

위의 인용문 역시 비유의 방식으로 논쟁을 진행한 것으로, 먼저 고자는 자신의 '인성'에 대한 견해를 "인성은 고여서 맴돌고 있는 물과 같다"라는 비유를 드는데 그 의미는 "인성은 버드나무와 같다"는 비유가 함축하고 있는 의미와 같다. 즉 앞에서 언급한 바와 같이 고자가 '인성'이 도덕적 측면에 있어서 선하지도 않고 선하지 않음도 없다는 가치 중립적인 입장을 견지한 경우와 일치 하다는 것이다. 그래서 고자는 물이

---

9) 『孟子』, 「告子上」, "告子曰: 性猶湍水也, 決諸東方則東流, 決諸西方則西流. 人性之無分於善不善也, 猶水之無分於東西也. 孟子曰: 水信無分於東西; 無分於上下乎? 人性之善也, 猶水之就下也! 人無有不善, 水無有不下. 今夫水, 搏而躍之, 可使過顙; 激而行之, 可使在山, 是豈水之性哉? 其勢則然也. 人之可使爲不善, 其性亦猶是也."

흐르는 성질에 있어서 동서의 구분이 없다는 비유를 들어 '인성' 가운데 선함과 선하지 않음의 구분이 없다는 것을 주장한다.

고자는 '인성'과 물의 본성을 같은 것으로 보아서 물의 본성 자체에는 일정한 흐름의 방향이 없다고 생각하는 한편 흐르는 물 자체에도 주체적으로 흐름의 방향을 결정할 능력이 없는 것이라고 주장했다.

구체적으로 말하면 물이 동쪽 방향으로 흘러가거나 혹은 서쪽방향으로 흘러가거나 모두 물꼬를 트는 방향을 결정짓는 외재적인 조건 위에서만이 가능하다는 것이다. 즉 만일 하천에서 동쪽 방향으로 물꼬를 트면 물은 동쪽으로 흘러가고, 만일 서쪽 방향으로 물꼬를 튼다면 그것은 서쪽으로 흘러가게 되는 것처럼 물 자체에는 동쪽으로 흐르는 성질이나 서쪽으로 흐르는 성질이 없다는 것이다. 그러므로 물이 동쪽으로 흐르거나 서쪽으로 흐르는 것은 하천의 물꼬를 트는 실제적인 방향에 의해서 즉 외재적인 요인(인위적 작용, 지형)에 따라서 결정되는 것이지 흐르는 물 자체의 자주적인 결정에 의해서 결정되는 것이 아닌 것이다.

'인성'의 문제에 관하여, 고자는 '인성' 가운데 선함과 선하지 않은 것에 대하여 인성 자체에는 절대적인 자주성이나 자결능력이 없어서 인간이 선한 행위를 하거나 그렇지 못한 행위를 하는 것은 모두 외재적인 요인이나 후천적인 요인에 의해서 결정된다고 생각했다. 이것은 곧 인간은 후천적인 교육을 통해서 올바른 가치 판단을 내릴 때 비로소 도덕적으로 선하게 될 수 있으며 그렇지 않으면 도덕적으로 선하지 못하게 된다는 것이다. 즉 고자의 견해에 의하면 '인성'이 선하게 되는 것과 선하지 않게 되는 것은 '인성'의 본래 모습에 기초하지 않고 외재적인 요인과 후천적인 요인에 의해서 결정된다는 것이다.

맹자는 고자의 이러한 견해에 대하여 반대입장을 취한다. 고자가 언급한 흐르는 물 자체는 그것이 앞으로 동쪽으로 흘러갈지 혹은 서쪽으로 흘러갈지를 결정할 수 없다고 하는 것은 명백한 객관적인 사실이다. 그래서 맹자는 이러한 부분에 대하여 인정할 수밖에 없어서 "물은 과연 동서의 구분이 없다"[10]라고 했으나, 고자의 주장처럼 평면적인 관념으로는 물의 본성을 타당한 각도로 관찰할 수 없다고 생각했다. 즉 맹자는 물이 동쪽으로 흐르거나 서쪽으로 흐른다고 하는 이유만으로는 물 본성의 본래 모습을 나타내기에는 부족하다고 생각했다. 그래서 맹자는 다른 각도에서 물의 본성을 관찰하는데, 그것은 바로 물이 높은 곳에서 낮은 곳으로 흐르는 성질을 착안한 것으로 고자에 대하여 "위아래의 구분이 없는가"[11]라고 반박한다.

즉 맹자는 물이 아래로 흘러가는 것이 물 본성의 본래 모습이라고 생각하여 '인성'이 '인의'를 실천하는 것은 물이 낮은 곳으로 흘러가는 성질과 같은 것으로 이것이 곧 '인성'의 본래 모습이라고 말한다. 또한 인간이 선하지 않은 행위를 하

---

10) 『孟子』, 「告子上」, "水信無分於東西"

11) 『孟子』, 「告子上」, "無分於上下"

게되는 것에 대해서 맹자는 이러한 행위들의 요인이 인성자체에 있는 것이 아니라 외재적인 방해요인에 의해서 본래 선한 본성이 왜곡된 결과에 의해서 그렇게 된다는 것이다. 즉 흐르는 물이 비록 낮은 곳으로 흘러가는 본성을 가지고는 있지만, 그것이 만일 외부의 강력한 제지를 받는다면 높은 곳으로 역류할 수 있다는 것이다. 그러나 이것은 이미 물 본성의 본래 모습을 상실한 것이다.

맹자와 고자는 동일하게 흐르는 물을 비유로 들어서 각기 자신의 논거를 펴나가지만, 둘은 서로 다른 각도에서 관찰하여 고자는 "물은 동서의 구분이 없다"[12]고 하는 것이 물의 본성이라고 주장하고, 맹자는 "물은 낮은 곳으로 흐른다"고 하는 것이 물의 본성이라고 주장하여 이것들을 '인성'에 비유한다. 즉 고자는 "인성에는 선함도 없고 선하지 않음도 없다"라는 논지를 펴고, 맹자는 "사람에게는 선하지 않음이 없다"[13]라는 논지를 펴나간다.

맹자와 고자가 이렇게 서로 다른 견해를 가지게 된 이유는 사물을 근본적으로 다른 각도에서 관찰했기 때문이다. 즉 물의 본성과 '인성'에 대하여, 고자는 평면적인 관찰과 이해를 바탕으로 했기 때문에 흐르는 물 자체는 스스로 흐름의 방향을 결정할 수 있는 능력이 없는 것만을 파악하여 '인성'에 대해서도 도덕적인 가치판단을 하지 않는 가치 중립적인 입장을 견지하나, 맹자는 평면적인 각도에서만이 아닌 상하의 수

12) 『孟子』, 「告子上」, "水之無分於東西"

13) 『孟子』, 「告子上」, "人無有不善"

직적인 각도로 관찰하여 흐르는 물이 실제로 낮은 곳으로 흐르는 성질을 파악하여 '인성'에 대해서도 물이 낮은 곳으로 흘러가는 것처럼 '인성'이 선한 방향으로 나가는 것이 본래의 모습이라고 하는 입장을 견지한다.

이상과 같이 볼 때 동일한 대상에 대해서도 사물을 보는 관점에 따라 다른 관찰과 이해가 수반됨을 알 수 있다. 다시 말하면 관찰할 때 견지하는 관점과 각도가 다르면 어떤 의미에서는 맹자와 고자 두 사람의 '인성'에 대한 주장이 이미 서로 차이점을 내포하고 있다는 것을 알 수 있는 것이다.

그렇다면 맹자는 도대체 어떠한 각도에서 인성을 보았을까? 위에서 이미 언급한 두 개의 비유형식을 통하여 진행된 논쟁 속에서 우리는 맹자가 직접적으로 '인성'에 대해 어떤 형식으로든 분명한 규정을 언급하지 않은 사실을 발견할 수 있으나 좀더 세밀하게 분석해 본다면 맹자는 논쟁이 진행되는 가운데 주로 상대방의 논리를 깨트리는 소극적 입장에서부터 시작하여 상대방의 논리에 대한 반박의 과정 속에서 자신의 '인성'에 대한 논리를 적극적으로 전개하는 한편 '인성'에 대한 개념을 분명히 밝혀나간다.

맹자의 '인성'에 대한 기본적인 입장은 두 차례의 논쟁을 통하여 이미 분명하게 드러나 있다. 즉 맹자의 입장에서 본다면 '인성' 자체는 도덕가치를 가지고 있는 것으로 가치 중립적인 의미의 자연적인 재료 혹은 재질과는 다른 것이기 때문에 '인성'을 자연적인 재질이나 재료로 비유해서는 안된 다고 주장하는 것이다. 만일 그렇지 않으면 '인성'의 본래 모습 즉

'성선'(性善)은 반드시 왜곡되어 선천적이고 내재적으로 연결되어 있는 '인의'와 '인성'이 후천적이고 종합적인 관계로 돌변하게 된다는 것이다.

사실 '인성'에 선한 성질이 본래 갖추어져 있다는 것은 하나의 개관적인 사실이다. 즉 인간이 '인성'의 본래 모습을 지속적으로 발전시켜 나간다면 인간의 행위 속에서 악한 행위는 찾아볼 수 없을 것이며 다만 선한 행위만을 찾아볼 수 있을 것이다. 이러한 점이 바로 맹자의 '인성'에 대한 기본입장이라고 말할 수 있으며, 이것을 통해서 고자가 말한 '인성'의 개념과 확연히 다른 맹자의 '인성' 개념을 발견할 수 있는 것이다.

2. 인성론의 분기점에 대한 분석

고자의 "생리적 본능을 인성이라고 한다"[14]는 관념은 중국의 인성론 전통 속에서 가장 오래되었을 뿐만 아니라 지속적으로 이어져 내려온 견해다. 글자의 본래 의미로부터 분석해보면 '성'(性)자는 '생'(生)자에서 음을 따온 것이며 또한 '생'자에서 파생되어 나온 것이다. 옛날의 문헌 속에서는 이 두 글자가 자주 통용되어 쓰였는데 고자가 이러한 관점으로 "생리적 본능을 인성이라고 한다"를 이해한 점은 옛날의 의미에 들어맞는다.[15]

14) 『孟子』, 「告子上」, "生之謂性"

15) 唐君毅, 『中國哲學原論』, 原性篇, 臺北, 學生書局, 1984年, 9쪽 참조.

선진시대 이래로 "생리적 본능을 인성이라고 한다"는 관점으로 인성을 파악한 사상가는 고자 이외에도 많이 보이는데 순자(荀子)의 경우 "생리적인 본능이 그렇게 된 까닭을 인성이라 한다"[16]라고 하고, 장자(莊子)의 경우 "인성이란 것은 생리적인 본능의 본질이다"[17]라고 하고, 동중서(董仲舒)의 경우 "인성이 생리적인 본능이 아니라고 말할 수 있는 것인가? 만약 생리적인 본능의 자연적인 자질을 인성이라고 한다면 인성이란 것은 본질이다."[18]하는데 그 나머지는 본문에서 일일이 다 열거할 수 없으므로 이만 생략하기로 하겠다.

맹자는 고자의 "생리적인 본능을 인성이라고 한다"는 관점에 반대하는데 그 이유는 고자의 관점으로는 사람이 사람되는 까닭을 근본적으로 나타낼 수 없다고 생각했기 때문이다.

1) 생리적인 욕구 속에 인성이 있다는 관점

고자가 언급한 "생리적 본능을 인성이라고 한다"라는 말속에는 고자 자신의 '인성'에 대한 원칙이 분명하게 표시되어 있으나, 고자의 "생리적 본능을 인성이라고 한다"는 말 가운데 '~을 ~라고 한다'라는 의미는 '같다' 혹은 '바로~이다'로 해석할 수 는 없다. 그렇지 않으면 "생리적 본능을 인성이라고 한다"라는 고자의 말이 "인성은 생리적 본능이다" 혹은

16) 『荀子』, 「正名」, "生之所以然者謂性"

17) 『莊子』, 「庚桑楚」, "性者, 生之質也"

18) 『春秋繁露』, 「深察名號」, "性之名非生與? 如其生之自然之資謂之性. 性者, 質也."

"인성은 생리적 본능과 같다"로 이해될 수 있기 때문이다.

만일 이와 같이 되면 주어 술어 식의 분석판단이 되기 때문이다. 즉 '인성'이라고 하는 주어의 개념이 '생리적 본능'이라고 하는 술어의 개념으로 상징되기 때문에 술어가 상징하는 것은 이미 주어의 속에 포함되어 버리는 것이다. 그렇다면 '생리적 본능'이라는 개념이 의미하는 것은 이미 '인성'이라고 하는 주어의 개념 속에 포함된다. 그래서 '인성' 원칙의 진위(眞僞)판단에 있어서 이 두 개념에 대하여 외적인 경험적 증명이나 관찰에 의지할 필요가 없이 다만 '생리적 본능'과 '인성'이라는 두 개념 사이에 논리적인 모순만 나타나지 않으면 "생리적 본능을 인성이라고 한다"는 개념의 진위판단이 성립된다는 것이다.[19)]

그러나 고자의 견해를 잘 살펴보면, 그는 "생리적 본능을 인성이라 한다"는 개념을 분석판단으로 보지 않았다. 만일 그렇지 않았다면 맹자의 "그렇다면 개의 본성은 소의 본성과 같고 소의 본성은 사람의 본성 같은 것인가?"[20)]와 같은 논박에 대해서 고자는 "그렇다, 본성은 생리적인 본능과 같은 것이어서, 개의 본성은 개의 생리적 본능과 같고, 소의 본성은 소의 생리적 본능과 같은 것이며, 인간의 본성은 인간의 생리적 본능과 같은 것이다. 그것들이 개나 소나 사람에 관계없이 생리적인 본능을 갖고 있으면 역시 본성을 갖고 있는 것으로

---

19) 분석판단에 대한 설명은 칸트의 『순수이성비판』의 「분석판단과 종합판단 사이의 구별」에 잘 나타나 있다. 칸트 著, 藍公武 譯, 『純粹理性批判』, 北京, 商務印書館, 1997年, 35~38쪽 참조.

20) 『孟子』, 「告子上」, "然則犬之性, 猶牛之性, 牛之性, 猶人之性與?"

그것들 사이에 즉 개나 소나 인간이라고 하는 개체들의 본성적인 측면에 관련해서는 어떠한 차별도 없는 것이다."라고 대답했을 것이다. 그러나 아쉽게도 이렇게 말하지 않았다.

이것은 고자가 "생리적 본능을 인성이라고 한다"는 개념을 분석판단으로 보지 않고 다만 맹자의 논박에 대하여 일시적으로 말이 막혔기 때문이며 또한 고자 역시 모종의 의미에서 인간의 본성과 소의 본성이 다르다는 것을 자각했음을 표시한다.

이러한 "생리적 본능을 인성이라고 한다"는 개념이 분석판단이 아니라면 이것은 종합판단이 되는 것이다. 즉 '인성'개념은 '생리적 본능'개념과는 다른 것으로 이러한 두 개념이 가지고 있는 함의 역시 다른 것이다. 이러한 점에 대하여 중국고대의 문헌자료를 근거로 들면 본래는 '생'(生)이라는 글자밖에 없었으나 이 후에 '성'(性)자가 '생'(生)자에서 파생되어 나온다. '생'(生)자에서 파생되어 나온 '성'(性)자는 '생'(生)자와는 다른 새로운 의미를 내포하고 있기 때문에 '생'(生)자와 '성'(性)자는 같은 의미가 아니라는 것이다. 이점에 관하여 모종삼(牟宗三)은 다음과 같이 말하고 있다.

> 대체적으로 '생'자가 먼저 만들어졌고 뒤에 점진적으로 '성'자가 만들어졌다. 성의 관념을 말하면 처음에는 생의 관념이 포함된 성의 관념이 언급되었다. 즉 실제로 그러한 의미의 성이란 것은 생의 관념이 포함된 의미의 성을 말하는 것이다. 생의 관념이 포함된 의미의 성은 생이라고 할 수 없는 것이다. 상고 시대의 사람들이 사용한 문자는 그 수가 많지 않았기 때

문에 글자간에 통용이 이루어졌다. 그러나 글자간에 서로 통용이 되었지만 글자가 지닌 관념은 글자이전에 이미 존재했으므로 의미는 사실상 구별이 있는 것이다. 그러므로 생이라는 글자와 성이라는 글자는 각기 다른 의미를 가지고 있는 것이다.[21)]

위의 인용문에서 언급된 것을 바탕으로 해서 볼 때 고자가 말하는 '인성'(人性)은 바로 "생리적인 본능을 인성이라고 한다"라는 말로 요약될 수 있는데, 이것은 곧 한 개체의 존재와 그것이 가지고 있는 여러 가지 특성에 대한 언급을 의미하는 것이다. 즉 존재와 특성은 서로 별개의 것이지만 이 둘 사이에는 어떠한 분리도 없는 것으로 혼합되어 있는 것이다. 이와 같이 "생리적 본능을 인성이라고 한다"는 명제 속에서 '인성'(人性)의 원칙은 하나의 개체가 존재할 때 본래 가지고 있는 여러 가지의 특성들을 인성이라고 한다는 말로 이해될 수 있을 것이다.[22)]

다시 말하면 어떠한 사물이라도 그것이 개체로 존재할 때에 있어서 처음부터 '성'(性)이라고 말할 수 있으면 곧 그것을 사물의 개체 존재에 있는 '성'(性)이라고 하는 것이다. 그러나 이것은 형식적인 측면에서 언급되어진 것으로 고자가 말한 '성'(性)의 원칙을 조명할 수는 있겠시반 아무래도 누두뭉실한 면이 없지 않다. 이러한 "생리적 본능을 인성이라고 한다"는 원칙 속에는 다음과 같은 두 종류의 이론 유형이 담

---

21) 牟宗三, 『心體與性體』, 第一冊, 臺北, 正中書局, 1989年, 207쪽 참조.
22) 牟宗三, 『圓善論』, 臺北, 學生書局, 1985年, 5쪽 참조.

겨져 있다.

> '생지위성'(生之謂性)속에 담겨져 있는 두 종류의 이론 유형을 말하면, 하나는 '우주본체론'의 직관을 따라서 이루어진 유형의 '생지위성'이고; 다른 하나는 경험론적 혹은 자연주의적으로 묘사된 유형의 '생지위성'이다.……'생지위성'의 생이나 존재는 하나의 개체로 될 수 있으며 그 것이 근거한 이론 유형과 다른 의미에 의하여 다른 의미가 수반되는 것이다. '우주본체론'적 직관을 따라서 이루어진 유형에 근거해서 말하면, '성'자가 의미하는 '개체존재'는 우주론적으로 말한 존재이며 그것이 의미하는 것은 '한 개체의 구성'으로 우주론적으로 말한 '구성'인 것이다. 경험론적으로 묘사된 유형에 근거해서 말하면, '생'자가 의미하는 '개체존재'는 현상학적으로 말한 존재이며 그것이 의미하는 것은 '하나의 개체 구성'으로 현상학적으로 말한 '구성' 혹은 논리적으로 말한 '구성'인 것으로, 그 '우주본체론'의 근원을 묻지 않은 것이다.[23]

위의 인용문 가운데 "그 우주본체론의 근원을 묻지 않은 것이다"라는 말은 개체존재가 개체존재로 되는 '존재의 원리' 혹은 '실현의 원리'에 대하여 추궁하지 않고, 개체가 존재를 취득한 후에 그것이 드러내는 자연적인 모습으로써 그것의 여러 가지 특성을 말한다는 것이다. 이것이 바로 경험론적으로 묘사된 유형 속에서 말하는 '생지위성'(生之謂性)의 이해 방식이다.

그렇다면 고자는 과연 어떠한 이론유형을 '생지위성'(生之

23) 牟宗三, 『心體與性體』, 第二册, 臺北, 正中書局, 1989年, 148쪽 참조.

謂性)을 근거하는 '성'(性)개념에 응용을 시킨 것일까? 위에서 분석한 바와 같이 고자는 인성을 버드나무와 고여서 맴돌고 있는 물과 같은 것으로 보았는데, 이것은 고자가 그것들을 자연존재의 현상학적 혹은 논리적인 '구성'이 지니고 있는 여러 종류의 실제로 그러한 성질로 여기고, 인성에 대하여서는 직접적으로 한 개체의 자연생명 혹은 자연존재가 드러내는 여러 종류의 실제로 그러한 상징으로 여겨서, 그것들 가운데 생명체 존재의 가장 잘 드러나는 자연적 상징을 의미하는 것이니 즉 식욕과 성욕으로 대표되는 생리적 본능을 의미하는 것이다.

그래서 고자는 분명히 "식욕과 성욕은 인성이다"[24]라고 한 것이다. 즉 고자는 생명체의 자연적 본능을 성이라고 생각하여 '생지위성'(生之謂性)이라고 하는 경험론적으로 혹은 자연주의적으로 묘사된 유형 가운데서 인성을 말하는 것이다.

생명체가 존재할 때 드러나는 여러 종류의 자연적 상징은 현상학적으로 '성'(性)이라고 하는데, 이것 역시 일종의 '성'(性)에 대하여 논급한 원칙이라 할 수 있으며 또한 객관적으로 실제의 내용을 갖고 있다고 할 수 있다. 즉 어떠한 사물이 있으면 그 사물에는 특성이나 특질이 있기 때문에 우리는 인간의 자연생명을 부인할 수 없는 것이다. 이것은 자연생명에서 나타나게 되는 여러 종류의 자연적 표상들(생리기관의 자연적인 반응이나 생리적 요구와 같은 자연적인 욕구 및 생물체의 자연적인 본능 등등의 여러 현상)에 대하여서 실제로 관

24) 『孟子』, 「告子上」, "食色, 性也"

찰이나 연구의 진행을 통하여 그것의 원인이 되는 '형상의 원리'를 밝혀내지 않을 이유가 없기 때문이다.[25]

이러한 점 역시 개관적인 학문이라고 말할 수 있는데, 그것의 존재의 가치로부터 그것이 자연생명의 특징을 나타낼 수 있기 때문이다. 그러나 맹자가 말한 '성'(性)은 이러한 원칙을 근거로 해서 언급한 '성'(性)이 아닌 다른 원칙으로 '성'(性)을 언급했다.

2) 마음속에 인성이 있다는 관점

고자의 "생리적인 본능을 인성이라고 한다"는 명제는 개체 존재의 자연생명에서 파생되 나온 여러 종류의 상징들을 현상학적으로 '성'(性)이라 하는데, 이것 역시 일종의 '성'(性)에 대하여 논급한 원칙이라고 할 수 있다. 또한 인간이 인간으로 될 수 있는 원인에 대한 일종의 해석으로서의 '형상의 원리'에 대하여 그 이론의 존재론적 지위를 인정해야지 무조건적으로 배척을 해서는 안 된다. 그렇지 않으면 우리들은 인간의 자연생명 위에서 언급해야만 하는 '형상의 원리'에 대한 가능성에 대해서도 배척을 해야만 할 것이다.

그러나 일체의 사물 모두는 그 '형상의 원리'를 찾을 수 있는데, 다시 말하면 "사물이 있으면 곧 사물의 본질이 있다"[26]는 것으로 이러한 본질은 곧 그것이 '형상의 원리'가 되는 것

---

25) '형상의 원리'에 대한 상세한 설명은, 牟宗三, 『心體與性體』, 第一册, 臺北, 正中書局, 1989年, 87～100쪽 참조.

26) 牟宗三, 『王陽明致良知教』, 臺北, 中央文物供應社, 1980年, 1쪽 참조.

이다. 만일 이러한 본질 혹은 '형상의 원리'가 없다면 사물 역시 존재할 수 없기 때문에 사물에 대하여 어떠한 개념도 형성시킬 수 없다는 것이다. 그러므로 고자의 '생지위성'(生之謂性)의 개념은 성립될 수 있는 것이며 맹자도 고자의 이러한 개념의 존재를 부정할 수 없는 것이다.

그렇지만 맹자는 고자의 이러한 인성의 원칙에 분명히 반대를 표방하면서 '생지위성'(生之謂性)의 원칙 이외에 다른 인성 본래의 모습에 관한 원칙을 내놓는다. 즉 맹자는 다음과 같이 말했다.

> 입이 좋은 맛에 대하여 좋아하는 것, 눈이 아름다운 색에 대하여 좋아하는 것, 귀가 듣기 좋은 소리에 대하여 좋아하는 것, 코가 향기로운 냄새에 대하여 좋아하는 것, 몸이 편안함에 대하여 좋아하는 것은 본질적인 것이지만 한계가 있기 때문에 군자는 본질적인 것이라고 하지 않는다. 인이 부자에 대하여 추구되는 것, 의가 군신관계에 대하여 추구되는 것, 예가 주객관계에 대하여 추구되는 것, 지가 현자에 대하여 추구되는 것, 성인이 천도에 대하여 추구되는 것은 한계가 있는 것이지만 본질적인 것이 있음으로 군자는 한계가 있는 것이라고 하지 아니한다.[27]

입이 감미로운 맛을 좋아하고 눈이 아름다운 색을 좋아하

---

27) 『孟子』, 「盡心下」, "口之於味也, 目之於色也, 耳之於聲也, 鼻之於臭也, 四肢之於安佚也, 性也. 有命焉, 君子不謂性也. 仁之於父子也, 義之於君臣也, 禮之於賓主也, 智之於賢者也, 聖人之於天道也, 命也. 有性焉, 君子不謂命也."

고 귀가 좋은 음악소리를 좋아하고 코가 향기로운 냄새를 좋아하고 몸이 편안함을 좋아하는 것은 모든 인간의 자연생명의 생리적인 본능과 욕망이 드러난 자연적인 본성으로 고자가 언급한 '생지위성'(生之謂性)으로 이해한 자연적인 본성과 같은 것이다. 이것은 맹자 역시 인간의 자연적인 본성 혹은 욕망을 완전히 부정하지는 않았음을 의미하는 것이며, 맹자 자신 역시 고자의 '생지위성'(生之謂性)으로 대표되는 인성에 대한 원칙을 완전히 반대한 것은 아니라는 것을 표시한다.

그러나 맹자의 이와 같은 태도는 단지 고자의 견해도 하나의 이론으로서의 존재가치를 인정하는 것에 그칠 뿐인 것이지 고자의 견해가 결코 '인성'(人性)의 본래모습을 조명하는데 타당한 인식방법은 아니라고 했다.

맹자 자신이 언급한 '인성'(人性)에 대한 기본원칙은 위의 인용문에 언급된바와 같이 인성에 투영되어 나타난 인, 의 , 예, 지(仁, 義, 禮, 智) 및 성인(聖人)이 체득한 '천도'(天道) 등으로 '인성'의 본래모습을 규정한다. 그러나 이것만으로는 고자의 '인성'에 대한 기본원칙과 다른 맹자의 '인성'에 대한 기본원칙을 규정하기에는 좀 무리가 따른다. 왜냐하면 고자 역시 "인은 안에 있는 것이고 의는 밖에 있는 것이다"[28)]라는 언급을 했는데 이것은 곧 고자도 '인'(仁)과 '의'(義) 등으로 대표되는 덕목들이 인간의 자연적인 본성의 어떤 표현이라고 생각했기 때문이다.

그러므로 맹자와 고자 두 사람이 언급한 '인성'에 대한 원

---

28) 주석 5 참조.

식의 자이점을 규명하는 방편의 일환으로 맹자의 '인성'에 대한 원칙을 더욱 분명하게 규정해야만 하는 것이 가장 타당하다고 생각한다.

> 사람들은 모두가 타인의 불행을 보고는 참지 못하는 마음이 있다. 선왕들이 타인의 불행을 보고는 참지 못하는 마음을 바탕으로 백성들의 불행을 간과하지 않는 정치를 한 것이다. 타인의 불행을 보고는 참지 못하는 마음을 바탕으로 백성들의 불행을 간과하지 않는 정치를 실행한다면 천하는 손바닥 위에 올려놓고 다스리는 것처럼 쉬울 것이다. 사람들에게 타인의 불행을 보고는 참지 못하는 마음이 있다고 말하는 것의 근거로는, 지금 갑자기 어린아이가 막 우물 속으로 들어가려는 모습을 사람들이 보고는 모두가 깜짝 놀라서 불쌍하게 여기는 마음을 가질 것이다라는 것이다. 이것은 어린아이의 부모와 교분을 맺으려고 하는 이유 때문이 아니고, 주변사람들과 친구들에게 명예를 구하고자 하는 이유 때문도 아니며, 그 (비난하는)소리를 (듣기)싫어서 그렇게 한 것이 아니다. 이와 같이 볼 때 불쌍하게 여기는 마음이 없으면 사람이라고 할 수 없으며, 잘못을 부끄러워할 줄 알고 그러한 행위를 미워할 줄 아는 마음이 없으면 사람이라고 할 수 없으며, 사양할 줄 아는 마음이 없으면 사람이라고 할 수 없으며, 시비판단을 할 줄 아는 마음이 없으면 사람이라고 할 수 없는 것이다. 불쌍하게 여기는 마음은 인의 단서가 되고, 잘못을 부끄러워할 줄 알고 그러한 행위를 미워할 줄 아는 마음은 의의 단서가 되고, 사양할 줄 아는 마음은 예의 단서가 되고, 시비판단을 할 줄 아는 마음은 지의 단서가 된다. 사람이 이러한 사단을 가지고 있는 것은 그가 사지를 가지고 있는 것과 같은 것이다. 이러한 사단을 가지고 있

으면서 자기는 할 수 없다고 말하는 사람은 자신을 해치는 사람이며, 자기 군주는 할 수 없다고 말하는 사람은 자신의 군주를 해치는 사람이다. 결국 나 자신에게 있는 사단을 모두 넓혀서 채울 줄 알면 마치 불이 처음 타오르며 샘물이 처음 솟아나는 것과 같을 것이니, 만일 이러한 것을 채울 수 있다면 충분히 온 천하를 보호할 수 있는 것이지만, 만일 이러한 것을 채우지 못한다면 부모를 섬기기에도 부족할 것이다.[29]

인(仁) 의(義) 예(禮) 지(智)는 덕(德)이며 측은(惻隱) 수오(羞惡) 사양(辭讓) 시비(是非)는 '정서'(情緒)인 것이다. 즉 마음을 근거로 해서 드러나는 정서로 이러한 정서는 마음의 작용이며 마음은 정서의 본체가 되는 것이다. 다시 말하면 작용을 통해서 본체를 인식하는 것으로 본체와 작용은 곧 하나가 된다는 것이다. 그러므로 그것들을 서로 연관지어서 "측은지심(惻隱之心), 수오지심(羞惡之心), 사양지심(辭讓之心), 시비지심(是非之心)"[30]이라고 부르는 것이다.

---

29) 『孟子』, 「公孫丑上」, "人皆有不忍人之心. 先王有不忍人之心, 斯有不忍人之政矣. 以不忍人之心, 行不忍人之政, 治天下可運之掌上. 所以謂人皆有不忍人之心者, 今人乍見孺子將入於井, 皆有怵惕惻隱之心, 非所以內交於孺子之父母也, 非所以要譽於鄕黨朋友也, 非惡其聲而然也. 由是觀之, 無惻隱之心, 非人也; 無羞惡之心, 非人也; 無辭讓之心, 非人也; 無是非之心, 非人也. 惻隱之心, 仁之端也; 羞惡之心, 義之端也; 辭讓之心, 禮之端也; 是非之心, 智之端也. 人之有是四端也, 猶其四體也. 有是四端而自謂不能者, 自賊者也; 謂其君不能者, 賊其君者也. 凡有四端於我者, 知皆擴而充之矣, 若火始然, 泉之始達. 苟能充之, 足以保四海; 苟不充之, 不足以事父母."

30) 혹자는 체용의 관계로 마음과 정서의 관계를 규정하는 것이 적당하지 않다고 생각할 수 있다. 그러나 본문에서 말하는 "정서"는 감각세

그러나 여기에서 주목해야할 점은 맹자가 직접적으로 '성'(性)자체에 대해서는 언급하지 않은 사실이다. 다만 맹자는 '측은'(惻隱), '수오'(羞惡), '사양'(辭讓), '시비'(是非)의 마음을 통해서 '성'(性)을 말하고 있는데 이것은 "그 마음을 다하면 곧 그것을 통해서 성을 알게 되는 것이다"[31]라는 말과 같은 의미를 내포하는 것이다. 그러므로 맹자는 마음의 투영을 통해서 본성을 본 것이라고 말할 수 있는 것이며, 이것은 곧 마음 속에 '인성'이 있다고 하는 말과 같은 맥락을 유지한다.

맹자는 왜 직접적으로 '인성'에 대하여 논급하지를 않고 마음의 투영을 통해서 '인성'을 말한 것일까? 이러한 의문에 대하여 모종삼(牟宗三)은 다음과 같이 주목할 만한 분석을 내놓는다.

> "마음이 본성을 다 발휘할 수 있다는 것은 사람이 도를 넓힐 수 있다는 것이다. 본성이 그러한 마음을 살필 줄 모른다는 것은 도가 사람을 넓힐 수 있는 것이 아니다는 것이다." 이와 같은 두 구문은 주관성의 원칙과 객관성의 원칙을 가장 분명하게 표시하는 것인데, 그 가운데 "마음이 본성을 다 발휘할 수 있다"는 말은 도덕행위의 실천에 대한 언급인데, 이것은 도덕행위의 실천을 통하여 객관적이며 우주론적으로 언급된 심

계나 현상세계 속에서 존재하는 사물의 궁극적인 이유에 해당되지 않는 것이다. 그래서 필자는 이러한 "정서"에 초월적인 의미가 내포되어 있다고 생각하여 체용의 관계를 초월적 세계와 현상세계의 양쪽 모두에서 언급할 수도 있으며 초월적 세계의 차원에서도 언급 될 수 있다고 생각한다.

31) 『孟子』, 「盡心上」, "盡其心者, 知其性也"

성에 대한 하나의 모델을 증명하는 것이다. 구체적으로 말해서 도덕심(예를 들어 측은, 수오, 사양, 시비 등등)의 주관성적 존재론적 실제적인 표출 혹은 사유작용을 통해 충분히 실현되고 형성된 인성을 객관적으로 말한 것이다. 그러므로 도덕행위의 실천이라는 측면에서 언급된 도덕심은 주관성의 원칙이며 구체화된 원칙인 것이다. "본성이 그러한 마음을 살필 줄 모른다"라는 말속에서의 본성은 객관적으로 또 우주본체론적으로 언급한 성인 것으로 즉 성체(性體), 성능(性能), 성리(性理), 성분(性分), 성각(性覺) 등의 다섯 가지 의미가 구비된 성이다. 이러한 성체가 만일 주관성이 없이 존재론적으로 도덕본심의 실제적인 사유작용이나 진실 되게 표출된 형태일 경우 그것은 단지 스스로 존재하거나 잠재적으로 존재할 뿐으로 어떠한 작용도 일어나지 않는 다는 것이다. 이것이 바로 "본성이 그러한 마음을 살필 줄 모른다"라는 하는 말의 의미이며 공자 역시 "도가 사람을 넓힐 수 있는 것이 아니다"라고 말한 것이다. 검(檢)이라는 것은 정함 혹은 살핌의 의미를 가지고 있으며, 마음이 본성을 다 발휘할 수 있다는 말은 곧 본성이 스스로 그 마음을 살필 수 있다는 의미이다. 마음이 그러한 본성을 다 발휘하지 못하게 되면 곧 본성은 비록 스스로 존재한다고는 하더라도 어떠한 작용도 하지 못하게 된다는 것이다. 그러므로 도덕행위의 실천은 마음이 결정적인 요인이라고 말하는 것이다. 사람이 도를 넓힐 수 있으면 도 스스로도 사람을 넓힐 수 있는 것이다. 그러나 사람이 도를 넓힐 수 없다면 도는 비록 요임금을 위해서 존재하지도 않고 걸과 같은 폭군 때문에 사라지지는 않는다고 해도 드러날 수 없는 것이다. 드러날 수 없다면 작용을 할 수 가 없기 때문에 도덕행위의 실천적인 측면에서 사람이 도를 넓힌다고 하는 것으로써 주를 삼는다고 말하는

것이다.[32)]

위의 인용문 가운데 "사람이 도를 넓힌다고 하는 것으로써 주를 삼는다"는 말속에는 마음이 '인의예지'(仁義禮智)로 대표되는 '덕'(德)들의 '성'(性)을 뚜렷하게 할 수 있다는 의미가 담겨져 있다.

'성'(性)은 하나의 객관적인 '자성(自性)의 원칙' 혹은 '자존(自存)의 원칙'인데, 이러한 '자성의 원칙'이란 '성'(性) 그 자체는 순수지선(純粹至善)한 것이다. 이러한 '성'은 마음의 발휘라고 하는 실천의 방법을 거치지 않으면 나타날 수 없는 것으로 단지 그것 자체에만 존재 (즉자적으로 존재)하는 잠재적인 존재일 뿐으로 그 실질적인 작용을 발생시킬 수 없다는 것이다.

그렇다면 과연 어떻게 그것 자체에만 존재하는 (즉자적인 존재)것으로서의 '성'(性)을 그것 자체에 대한 존재로 전환시켜서 그것 자체가 진실한 본체가 되는 자각을 할 수 있을까? 이러한 작업은 반드시 마음이라고 하는 주관성의 원칙이 수반되어야 한다. 즉 '성체'(性體)가 그것 자체에 대한 자각 즉 '성체'(性體) 스스로의 사유작용을 통하여 자각하게 되는 것인데 이러한 사유작용을 바로 마음이 하는 것이다.[33)]

그러므로 '측은'(惻隱), '수오'(羞惡), '사양'(辭讓), '시비'(是

32) 牟宗三, 『心體與性體』, 第二冊, 臺北, 正中書局, 1989年, 532~533쪽 참조.

33) 牟宗三, 『心體與性體』, 第二冊, 臺北, 正中書局, 1989年, 533쪽 참조.

非) 등의 정서들은 바로 이러한 마음의 사유작용을 통하여 나타난 것이라고 할 수 있다. 다시 말하면 이것은 곧 마음의 주관적인 실천활동을 통해서 객관적인 '성리'(性理)를 증명한 것이라고 할 수 있는 것이다. 이것이 바로 맹자가 견지하고 있는 '인성'(人性)에 대한 원칙으로 마음 속에 본성이 있다는 말이다.

그렇다면 "마음 속에 본성이 있다"는 말속에서의 마음은 도대체 어떠한 성질을 가지고 있을까? 그러한 마음은 도대체 어떤 종류의 의미로서의 마음인가? 만일 그러한 의미를 확정할 수 없다면 "마음 속에 본성이 있다"는 원칙으로서의 맹자의 '인성'에 대한 원칙은 두리 뭉실한 이론체계라는 비난을 피할 수 없을 것이다. 그러므로 우리는 우선적으로 맹자가 언급한 '마음'의 의미를 분석이라는 방법을 통하여 명확하게 규정해야 할 필요가 있다고 생각한다.

> 사람들은 모두가 타인의 불행을 보고는 참지 못하는 마음이 있다.……사람들에게 타인의 불행을 보고는 참지 못하는 마음이 있다고 말하는 것의 근거로는, 지금 갑자기 어린아이가 막 우물 속으로 들어가려는 모습을 사람들이 보고는 모두가 깜짝 놀라서 불쌍하게 여기는 마음을 가질 것이다라는 것이다. 이것은 어린아이의 부모와 교분을 맺으려고 하는 이유 때문이 아니고, 주변사람들과 친구들에게 명예를 구하고자 하는 이유 때문도 아니며, 그 (비난하는)소리를 (듣기)싫어서 그렇게 한 것이 아니다.[34]

34) 『孟子』, 「公孫丑上」, "人皆有不忍人之心.……所以謂人皆有不忍人之

주자의 주석에는 "출척(怵惕)은 놀라 움직이는 모습이다. 측(惻)은 간절하게 서글퍼하는 것이다. 은(隱)은 깊이 아파하는 것이다."[35]라고 기록되어 있듯이 깜짝 놀라서 불쌍하게 여기는 마음은 곧 타인의 불행을 보고는 참지 못하는 마음인 것이다. 맹자는 이러한 마음과 정서가 모든 사람에게 있다는 것을 "어린아이가 우물 속으로 들어가려는"사례로서 증명했다.

다시 말하면, 갑자기 전혀 알지 못하는 어린이가 우물 속에 빠지려는 모습을 목격했을 때 그 찰나의 순간에 우리들의 마음은 이미 그 아이가 곧 죽게되리라는 절박하고 안타까운 심정이 생겨나서 그 아이를 구하려는 생각이 든다는 것이다. 여기에서 주의할 점은 맹자가 이러한 사례를 빌려 우리들에게 성찰시키고자 하는 것은 그 어린아이를 어떻게 구할 것이냐 혹은 구하지 말 것인가의 문제가 아닐 뿐만 아니라 구하려는 사람 개인의 이해관계에 대한 어떠한 고려도 아니라는 것이다.[36]

맹자가 진정으로 우리들에게 성찰시키고자 한 것은 바로 어린아이가 우물 속에 빠지려는 시점에서 어떠한 이해관계를 계산할 시간적인 여유도 없는 찰나의 순간에 진정으로 절박

心者, 今人乍見孺子將入於井, 皆有怵惕惻隱之心, 非所以內交於孺子之父母也, 非所以要譽於鄕黨朋友也, 非惡其聲而然也."

35) 朱熹, 『孟子章句集注』, 「公孫丑上」, "怵惕, 驚動貌. 惻, 傷之切也. 隱, 痛之深也."

36) "어린아이의 부모와 교분을 맺으려고 하는 이유 때문이 아니고, 주변 사람들과 친구들에게 명예를 구하고자 하는 이유 때문도 아니며, 그 (비난하는)소리를 (듣기)싫어서 그렇게 한 것이 아니다."라는 맹자의 언급에 그 의미가 잘 나타나 있다.

하고 안타까운 심정이 생겨나는데 이것을 바탕으로 모든 일에 대하여 우리들 자신에게 어떠한 사적인 이해득실을 따질 것을 용납하지 않는 태도인 것이다. 이러한 문제에 대하여 서복관(徐復觀)은 다음과 같이 말했다.

> "지금 갑자기 어린아이가 막 우물 속으로 들어가려는 모습을 사람들이 보다"는 예증에서 "갑자기 보다"는 단어가 의미하는 것은 바로 이러한 상황 속에서 마음은 생리적 욕망에 지배받지 않고 마음 자체가 직접적으로 드러낸 것이다…… "이것은 어린아이의 부모와 교분을 맺으려고 하는 이유 때문이 아니다"라는 구문 등에서 의미하는 것은 바로 이러한 마음자체가 드러남에 의해서 구조의 행위를 취하게 되는 것이지 생리적인 욕망에 의해서 결정되는 것이 아니다는 것이다.[37]

깜짝 놀라서 불쌍하게 여기는 마음은 "바로 마음 자체가 직접적으로 드러낸 것이다."라는 서씨(徐氏)의 논거를 근거로 할 때 맹자가 언급한 마음(心)은 본심(本心)이 된다. 그래서 웅십력(熊十力)은 "본심이라는 것은 본래 있는 것이지 후천적으로 생긴 것이 아니기 때문에 본래라고 하는 것이다."[38]라고 말하는데 이것은 곧 맹자의 마음 속에 인성이 있다는 말이 본심 속에 인성이 있다는 말로 표될 수 있다는 것을 의미하며, 이러한 본심은 생리적 욕망에 지배받지 않고 육체의 지배를 받는 동물적 본능의 마음이 아닌 것이다. 이는 본심이 현

---

37) 徐復觀, 『中國人性論史』, 臺北, 臺灣商務印書館, 1990年, 172쪽 참조.
38) 熊十力, 『明心篇』, 臺北, 學生書局, 1979年, 1쪽 참조.

싱계에 근원을 둔 섯이 아니라는 것을 의미하며 또한 후천적으로 생긴 것이 아니기 때문에 그것은 선천적인 초월경계에 속한다는 것이다.

맹자가 언급한 '성선'(性善)은 바로 이러한 초월적 본심 속에 인성이 있다는 것을 의미하는데, 이것이 바로 맹자가 견지하는 인성(人性)에 대한 원칙인 것이다.

3. 성선설의 증명

맹자에 있어서 '인성'(人性)의 본래 모습은 도덕적 측면에서 언급된 것으로 일종의 선천적 분석관계의 구조로 고자(告子)가 이해한 후천적 종합관계의 구조와는 다르다고 할 수 있는데, 특히 고자의 경우는 인간의 행위 가운데 도덕실천에 관련된 객관적인 근거를 제시할 수 없다는 치명적인 약점을 가지고 있다.

다른 각도에서 보면, 우리는 맹자의 성선설(性善說)이 진실무망 하다고 말할 수 있을 것이다. "어린아이가 우물 속으로 들어가려는"것과 같은 사례에서 볼 수 있듯이 만일 우리들에게 선천적으로 '인의예지'(仁義禮智)라고 하는 '덕'(德)들이 갖추어져 있지 않다면 그 찰나의 순간에 자신의 이해득실을 계산하지 않고 깜짝 놀라서 불쌍하게 여기는 마음이 발생할 수 없을 것이다. 즉 타인의 불행을 보고 참지 못하는 마음이 선천적으로 구비되어져 있기 때문에 전혀 알지 못하는 어린아이가 우물 속에 빠지려고 하는 것을 자신의 안위를 돌보지 않고 구하려한다는 것이다. 이러한 점은 인간이 확실히 도덕생명을 가지고 있음을 나타내는 것이며, 이러한 도덕생명이 바로 '인성'의 본래 모습인 것이다.

맹자는 일찍이 "군자의 본성은 인의예지가 마음 속에 뿌리를 내리고 있는 것이다."[39]라고 말했는데 주자는 이 말에 대하여 "인의예지(仁義禮智)는 성(性)의 네 가지 덕이며, 근은 뿌리라는 뜻이다."라고 주석 했다. '인의예지'(仁義禮智)는 '인성'의 '덕'이며, '성'(性)은 곧 도덕실천의 객관적 원칙이 되는 것이다. 그러므로 오직 '성'(性)만이 '인의예지'(仁義禮智)라는 '덕'(德)의 투영을 통해서 '마음'(心)이라고 하는 도덕실천의 주관적 원칙을 드러내고 실현시킬 수 있는 것이다.

맹자는 이처럼 '마음' 속에 '인성'이 있다고 보는 한편 '진심지성'(盡心知性)의 수양을 통해 '인성' 자체가 순수지선(純粹至善)한 것임을 도출해 낸다. 이것이 바로 초월적 본심으로 '인성'의 본래 모습을 언급한 맹자의 '인성' 원칙인 것이다.

그래서 만일 마음이 선하다는 것을 충분히 증명해낼 수 있다면 '인성'이 선하다는 사실 역시 충분히 증명해낼 수 있는 것이다. 이러한 문제에 대하여 맹자는 다음과 같이 말했다.

> 그 정으로 말하면 선하다고 할 수 있으니, 이것이 내가 말하는 인성이 본래 선하다는 것이다. 불선(不善)을 하는 것으로 말하면 타고난 재질(才質)의 죄가 아니다. 불쌍히 여기는 마음을 사람마다 다 가지고 있으며, 잘못을 부끄러워할 줄 알고 그러

39) 『孟子』, 「盡心上」, "君子所性, 仁義禮智根於心"

한 행위를 미워할 줄 아는 마음을 사람마다 다 가지고 있으며, 공경할 줄 아는 마음을 사람마다 다 가지고 있으며, 시비판단을 할 줄 아는 마음을 사람마다 다 가지고 있다. 불쌍히 여기는 마음은 인이요, 잘못을 부끄러워할 줄 알고 그러한 행위를 미워할 줄 아는 마음은 의요, 공경할 줄 아는 마음은 예이며, 시비판단을 할 줄 아는 마음은 지이다. 인의예지가 밖으로부터 나에게 녹아서 들어오는 것이 아니고, 내가 본래 가지고 있는 것이다.…… 『詩經』에 이르기를 "하늘이 여러 백성들을 낳으시니, 만물이 있으면 법칙이 있다. 백성들이 떳떳한 본성을 가지고 있는지라, 이 아름다운 덕을 좋아한다."[40]

위의 인용문 가운데 우리들은 '측은'(惻隱), '수오'(羞惡), '공경'(恭敬), '시비'(是非) 등의 '선심'(善心)이 '인성' 가운데 본래 있다고 확신한 맹자의 신념을 분명하게 발견할 수 있다. 그리고 맹자는 이러한 '심성'(心性)은 후천적인 환경이나 교육 등의 외재적인 요인을 통해서 우리들의 '덕'(德)을 보좌하는 기능을 갖추었다고는 생각하지 않았다.

또한 '본래 가지고 있다'는 말 역시 생리적인 욕망이나 심리적인 정서 등으로 대표되는 학습을 통하지 않고 습득된 생물학적 의미의 본능으로 해석되어서도 안 되는 것이다. 즉 이것은 도덕법칙이 선천적으로 우리들의 심성(心性) 가운데 내

40) 『孟子』, 「告子上」, "乃若其情, 則可以爲善矣, 乃所謂善也. 惻隱之心, 人皆有之; 羞惡之心, 人皆有之; 恭敬之心, 人皆有之; 是非之心, 人皆有之. 惻隱之心, 仁也; 羞惡之心, 義也; 恭敬之心, 禮也; 是非之心, 智也. 仁義禮智, 非由外爍我也, 我固有之也,…… 詩曰: '天生蒸民, 有物有則, 民之秉夷, 故好是懿德.'"

재되어 있다는 의미로서의 '본래 가지고 있다'는 것을 표시한다. 만일 그렇지 않으면 맹자가 주장한 인성의 원칙과는 상당한 괴리감을 유발시켜 결국은 고자가 언급한 "생리적 욕구 속에 인성이 있다"는 관점으로 전락될 수 있기 때문이다.

사실 '덕'(德)과 '인성'(人性)의 본래 모습은 선천적인 분석 관계이다. 그러므로 우리들은 맹자의 '인의내재'(仁義內在)라는 주장으로 '인의'(仁義)가 분명히 인간의 '인성'(人性) 속에 내재되어 있다고 개괄할 수 있을 것이다. 또한 같은 논리로 '덕'(德)과 '인성'(人性)이 선천적으로 연결되어 있다는 것 역시 증명할 수 있을 것이다. 먼저 맹자의 언급을 통해서 그 근거를 찾아보겠다.

> 사람들이 배우지 않고도 할 수 있는 것은 양능(良能)이고, 생각하지 않고도 알 수 있는 것은 양지(良知)이다. 어려서 손잡고 가는 아이가 그 어버이를 사랑할 줄 모르는 이가 없으며, 그가 장성함에 이르러서는 그 형을 공경할 줄 모르는 이가 없다. 어버이를 사랑하는 것은 인이고, 어른을 공경하는 것은 의이니, 이는 사람마다 다른 것이 아닌 온 천하에 공통된 것이기 때문이다.[41]

맹자는 어버이를 사랑하고 어른을 공경하는 것 등 인의의 본성은 후천적인 학습이나 노력을 통하여 취득된 것이 아니

41) 『孟子』, 「盡心上」, "人之所不學而能者, 其良能也; 所不慮而知者, 其良知也. 孩提之童, 無不知愛其親者; 及其長也, 無不知敬其兄也. 親親, 仁也; 敬長, 義也. 無他, 達之天下也."

라고 생각했다. 위의 인용문에서 언급된 바와 같이 배우지 않고도 할 수 있는 '양능'(良能)이나 생각하지 않고도 알 수 있는 '양지'(良知)는 도덕의 선천적인 의미를 드러내는 것이다. 만일 그렇지 않고 학습을 통해서 할 수 있거나 생각을 통해서 알 수 있다면 이것은 도덕 자체가 선천적인 의미를 상실하게 되어 곧 후천적인 의미로 전락하게 될 것이다.

위의 인용문 가운데서 맹자가 특별하게 어린아이의 예를 들어 밝히고자 한 것도 역시 이러한 도덕의 선천적인 의미를 천명하기 위함이었다. 두 세 살의 어린아이가 후천적인 훈도를 통해서 터득한 것은 매우 미약한 것이기 때문에 학습과 사고(思考)가 성숙되어야하는 경지까지는 상당히 많은 시간이 반드시 필요한 것이다. 그러나 두 세 살의 어린아이가 "그 어버이를 사랑할 줄 모름이 없다"와 "그 형을 공경할 줄 모름이 없다"는 것과 같은 사실은 인간이 인의의 심성을 선천적으로 본래 가지고 있다는 것을 충분히 증명하는 것이며, 이러한 것들이 바로 학습과 사고를 통하지 않고도 스스로 할 수 있고 알 수 있는 '양능'(良能)과 '양지'(良知)인 것이다.

이러한 '양지'(良知)와 '양능'(良能)이 선천적으로 본래 갖추어져 있어야 만이 우리들의 도덕실천의 주체성이 확립될 수 있는 것이며 더 나가서 '살신성인'(殺身成仁)이나 '사생취의'(捨生取義)와 같은 '덕'(德)을 이룰 수 있는 것이다. 이러한 점이 바로 도덕이 선천적으로 갖추어져 있다는 것을 증명하는 것이다.

혹자는 필자가 앞부분에서 언급한 논의들 가운데서 마치

맹자에 있어서의 후천적인 학습과 사고의 도덕실천 부분에 관련된 효능에 대하여 과도하게 폄하한 것처럼 느껴진다고 말할 수 도 있을 것이다. 그러나 우리는 맹자가 자신이 공자의 도통을 계승했다고 하며 "말씀마다 반드시 요순(堯舜)을 칭하셨다"[42]라고 언급한 부분을 유추해 본다면, 맹자 역시 경험적 교훈과 고대 성현들의 가르침을 적극 장려했음을 어렵지 않게 알 수 있을 것이다.

다시 말하면, 공자와 맹자로 대표되는 선진유학의 전통 속에서는 도덕수양에 관련된 학습과 사고의 중요성을 결코 폄하시켜 보지는 않는다는 것이다. 그러나 이러한 점과 필자가 앞서 언급한 논지가 서로 모순되는 것처럼 보이는 것은, 다만 앞에서 증명하고자 한 것은 도덕실천의 객관적 근거였기 때문에 그것이 반드시 선천적이며 모든 이성적 존재에 본래적으로 갖추어져 있어야만 도덕법칙의 객관성과 보편성 및 절대성이 확보된다는 것이다.

이러한 도덕법칙들은 우리가 알고 있는 바와 같이 그것이 순수하게 후천적 학습과 사고를 통해서 취득된다면, 그것은 의심할 나위 없이 도덕법칙의 기초를 경험적 원칙 위에 건립하게 될 것이다. 그러나 경험적 원칙들로는 완전한 도덕법칙의 기초를 충당할 수 없는 것으로[43] 이것은 단지 도덕 주체의 의지의 밖에 있는 '타율도덕'(他律道德)이 되는 것이다.[44]

---

42) 『孟子』, 「滕文公上」, "言必稱堯舜"

43) 牟宗三 譯註, 『康德的道德哲學』, 臺北, 學生書局, 1992年, 87쪽 참조.

44) 타율도덕은 도덕주체의 의지에 의존하지 않는 외재적인 원인들(예를 들어 절대자의 의지나 사회법규 그리고 선천적인 감각)가운데서 확

그러므로 '타율도덕'은 엄밀한 의미의 도덕이라고 할 수 없는 것이며 또한 그것은 도덕으로서 도덕이 되는 도덕의 진정한 성질에도 부합되지 않는 것이다.

맹자의 성선설이 내놓게 되는 기본적인 의도는 바로 도덕 실천에 하나의 객관적인 근거를 제공하는데 있으며 이러한 객관적인 근거는 후천적인 학습과 사고를 통하지 않고 스스로 할 수 있고 알 수 있는 '양지'(良知)와 '양능'(良能)으로 증명될 수 있는 것이며 또한 이러한 '양지'(良知)와 '양능'(良能)은 우리들 자신에게 선천적으로 본래 갖추어져 있는 것이다. 그러므로 이러한 의미 속에서 맹자는 후천적인 학습과 사고를 통해서는 어떠한 도덕실천의 진실 된 기초도 취득될 수 없다고 생각한 것이다.

그렇다면 맹자는 이러한 학습과 사고에 대하여 과연 어떠한 의미로서의 존재의미를 부여하려 한 것일까?

> 군자가 道를 실천함으로써 깊이 나아가는 것은 자기가 스스로 터득하고자 해서이니, 스스로 터득하면 거처함에 편안하고, 거처함에 편안하면 삶의 근거로 삼는 것이 깊으며, 삶의 근거로 삼는 것이 깊으면 좌우에서 취하여 행동하더라도 그 근원을 만나게 된다. 그러므로 군자는 스스로 터득하고자 하는 것이다.[45)]

대되어 나온 도덕법칙을 의미한다.

45) 『孟子』, 「離婁下」, "君子深造之以道, 欲其自得之也. 自得之, 則居之安; 居之安, 則資之深; 資之深, 則取之左右逢其原, 故君子欲其自得之也."

위의 인용문 가운데 "깊이 나아간다"와 "도를 실천한다"는 말은 '양지'(良知)와 '양능'(良能)의 발용을 의미한다. 여기에서 "깊이 나아간다" 자체는 후천적 의미의 학습과 사고의 영역에 속하지만, 이러한 후천적 의미의 "깊이 나아가는" 수양과정을 통하여 '양지'(良知)와 '양능'(良能)이 우리들 자신에게 본래 있다는 것을 자각하는 것이 바로 "스스로 터득한다"는 것이다. 다시 말하면 이것은 곧 자신이 직접 '인의예지'(仁義禮智) 등의 '덕'(德)들이 우리들 자신에게 본래 갖추어져 있음을 체득한다는 것을 의미하는 것으로 어린아이가 언어를 학습할 때처럼 타인이 말하는 것을 그대로 따라하는 것과는 전혀 다른 차원의 세계라는 것이다.

맹자는 이어서 "널리 배우고 그것을 자세히 설명하는 것은 그렇게 함으로써 돌이켜서 집약된 원리를 설명하기 위해서이다."[46]라고 말하는데 이것 역시 같은 의미를 함축하고 있다고 말할 수 있다. 주자는 이 부분에 대하여 "글을 널리 배우고 그 이치를 상세히 말하는 까닭은 많은 지식을 자랑하고 화려함을 다투고자 해서가 아니요, 소상하게 이해하고 조리가 정연하게 하여 돌이켜서 집약된 원리를 설명하고자 해서임을 말한 것이다."[47]라고 주석을 했는데, 여기에서 말하는 "집약된 원리"는 바로 '인의예지'(仁義禮智)의 '사단지심'(四端之心)을 말하는 것이다. 또한 "널리 배우고 그것을 자세히 설명하

46) 『孟子』, 「離婁下」, "博學而詳說之, 將以反說約也"

47) 朱熹, 『孟子章句集注』, 「離婁下」, "言所以博學於文, 而詳說其理者, 非欲以誇多而鬪靡也; 欲其融會貫通, 有以反而說到至約之地耳."

는 것"의 목적은 일반적인 지식의 증가와 확대에 있는 것이 아닌 것으로 바로 '인의예지'(仁義禮智)가 우리들 자신에게 본래 갖추어져 있음을 돌이켜서 체득하는데 있는 것이다.

이러한 돌이켜서 체득한다고 하는 것은 비록 후천적인 수양과정에 속하는 것이기는 하지만, 우리들의 '심성'(心性)이 사욕에 가려져 올바름이 드러나지 못할 때 이러한 수양과정을 통해서 '심성'(心性)의 올바름을 드러낼 수 있는 것이다. 맹자 역시 바로 이러한 측면에서 학습과 사고에 대하여 도덕수양의 방법론적 의미를 부여한 것이다.

이러한 후천적 의미의 학습과 사고의 의의는 그것이 우리들의 도덕 수양과정에 도움을 줄 수 있다는 점과 동시에 우리들로 하여금 '양지'(良知)와 '양능'(良能)이 우리들 자신에게 본래 갖추어져 있음을 자각하게 하는 점에 있다고 할 수 있다. 바꿔 말해서 만일 '인의예지'(仁義禮智)라고 하는 '덕'(德)들이 우리들에게 선천적으로 내재되어 있지 않다면 곧 학습과 사고라고 하는 후천적 의미의 수양과정들은 그 존재의 가치를 상실하게 된다는 것이다.

이와 같이 볼 때 '인의예지'(仁義禮智)라고 하는 '덕'(德)들이 우리들에게 선천적으로 내재되어 있다고 하는 사실은 충분히 증명될 수 있는 것이며, 학습과 사고 역시 존재론적 지위가 확립되는 것이라고 할 수 있는 것이다. 그러므로 맹자가 주장한 성선설의 증명은 이러한 각도에서 조명되어야 할 것이다.

이상과 같은 분석을 통해서 볼 때 맹자는 '인의'(仁義)가 내재되어 있다는 관점을 근거로 하여 도덕실천의 주체성과 자율성 및 보편성 그리고 절대성을 증명하고자 했음을 충분히 알 수 있을 것이다. 이와 같은 "마음 속에 인성의 본래 모습이 있다"라고 하는 인성의 원칙은 도덕의 진정한 모습을 가장 타당하게 표시할 수 있다고 할 수 있으며 또한 맹자가 성선설을 증명하는 과정 가운데 비록 엄밀한 의미에서 논리적인 논증이 부족했다고 말할 수는 있겠지만 '심성'(心性)자체를 '의리'(義理)적인 측면에서 조명한 '의리논증'[48]이라고 할 수 있을 것이다. 또한 모종삼(牟宗三)같은 경우 다음과 같이 말하고 있다.

> 이러한 성체(性體)와 심체(心體)는 반드시 진실하게 긍정되어지는 것으로 이러한 성덕과 성성(成聖)의 가능성은 사람마다 모두 구비되어져 있다고 말할 수 있는 것이다. 사람은 본래 가지고 있는 도덕으로써 그 가치를 결정하는 것이지만, 도덕 역시 사람이 덕을 이루어 성인의 경지에 도달하는 이상적인 인격을 시점으로 그 진실한 결정성을 얻게되는 것이다. 여기에서 도덕은 물론 공허한 메아리가 될 수 없으며 사람 역시 인류학적 측면으로만 언급해서는 안될 것이다. 사람이 도덕실천으로써 덕성인격을 완성 발전시켜나가는데 있어서 반드시 이러한 성체와 심체를 긍정해야만 하는 것이며, 그 실천의 과정가운데 점진적으로 그것이 진실하게 드러나는 것이다.…… 이러한 성체와 심체가 확실하게 진실하다고 하는 사실의 근거가 되는 이유는 바로 사람들 모두가 "성(性)"을 본래부터 가지고 있기

---

48) 蔡仁厚, 『孔孟荀哲學』, 臺北, 學生書局, 1990年, 193쪽 참조.

때문이다.…… 정통유가에서는 이러한 성체와 심체를 확실하게 진실한 것이라고 긍정한다.…… 그러므로 그것은 자율적인 도덕법칙이 보편성과 필연성을 가지고 있다는 사실을 투영하는 것이다.[49]

순수지선(純粹至善)한 '심성'(心性)자체가 진실하게 되는 것에 대하여 맹자는 "어린아이가 우물 속으로 들어가려는"것과 "사생취의"(捨生取義)의 사례를 들어 설명한다. 다시 말하면 '심성'(心性)자체가 진실하다는 것을 통하여 '인의예지'(仁義禮智)라고 하는 덕성들이 실제로 드러남을 볼 수 있는 것이며 이러한 것은 진실한 드러남으로 도덕실천의 한 가설이 아니라는 것이다.

이와 같이 맹자는 우리들이 가지고 있는 '심성'(心性)자체가 '진실무망'(眞實無妄)한 것이라는 것을 긍정하고 있으며 모든 사람들이 이러한 도덕적 '심성'(心性)으로써 '의리생명'(義理生命)을 자기존재의 진실한 가치로 이룩한다는 것이라고 생각했다. 또한 맹자는 도덕이 바로 도덕이 되는 무조건성과 결정성에 대하여 순(舜)의 사례를 통하여 설명하고 있다.

순이 깊은 산 속에서 기거할 때 나무와 돌과 함께 기거하였으며 사슴들 멧돼지들과 함께 놀았던 점은 깊은 산 속의 야인들과 다른 것이 별로 없었는데 선한 말을 한번 듣고 선한 행위를 한번 보고서 분발하는데 이르러서는 강이나 황하를 터놓은

---

49) 牟宗三, 『心體與性體』, 第一冊, 臺北, 學正中書局, 1989年, 137~158쪽 참조.

> 것 같이 줄기찼으므로 그것을 막을 사람이 없었다.[50]

위의 인용문 가운데 순의 도덕실천에 대하여 "강이나 황하를 터놓은 것 같이 줄기찼으므로 그것을 막을 사람이 없었다"라고 되어있는 곳에서 볼 수 있듯이 도덕법칙은 우리들의 행동에 절대적인 결정력을 가지고 있음을 알 수 있다.

그러나 이러한 결정력은 우리들의 의지 밖에 있는 것이 아니고 의지자체의 자율성에 있는 것이다. 이것은 도덕의 자율성에 근거한 것으로 이러한 의지의 자유는 맹자가 언급한 '본심'(本心)작용인 것이다. 즉 "의지는 마음의 본질 작용이며 마음의 자율은 곧 마음의 자유인 것이다."[51] 이러한 마음은 자율적으로 스스로 판단할 수 있는 자유의 의미를 가진 것으로 칸트는 다음과 같이 말했다.

> 자율의지는 의지의 그러한 특성이며 이러한 특성 때문에 의지는 자신에 대하여 하나의 법칙을 갖는다.(의지의 대상에 어떠한 의탁도 하지 않는 독립적인 법칙)…… 지금 말하는 자율원칙이 곧 도덕의 유일한 원칙이다.[52]

'도덕의 유일한 원칙'은 바로 자유의지의 '자율원칙'이며

---

50) 『孟子』, 「盡心上」, "舜之居深山之中, 與木石居, 與鹿豕遊, 其所以異於深山之野人幾希. 及其聞一善言, 見一善行, 若決江河, 沛然莫之能禦也."

51) 牟宗三, 『圓善論』, 臺北, 學生書局, 1985年, 31쪽 참조.

52) 牟宗三 譯註, 『康德的道德哲學』, 臺北, 學生書局, 1992年, 85~86쪽 참조.

이러한 의지는 '선'(善)의 '자유의지'(自由意志)인 것으로 이 자유의지에 의해서 도덕실천의 객관적 원칙이 성립되는 것이다.

맹자가 "군자의 본성은 비록(출세하여 그의 뜻이) 크게 행해지더라도 더해지지 아니하며, 비록 곤궁하게 거처하더라도 줄어들지 않는 것이니, 구분되어져 일정하기 때문이다."[53]라고 언급한 것은 바로 이러한 '심성'(心性)이 도덕실천 측면에 대한 책임성과 보편적인 효용성을 표시하는 것이며, '사생취의'(捨生取義)등 덕행들이 '인의'(仁義)라고 하는 가치들의 존엄성을 분명하게 드러냄을 표시하는 것이다.

우리가 죽음을 피하고 삶을 추구하는 것은 인간의 가장 자연스러운 성향이며 주관적 충동 가운데 가장 강렬한 것이기 때문에 '인'(仁)을 이루고 '의'(義)를 취하기 위하여 생명을 버릴 수 있다는 자체만으로도 도덕인격의 존엄성을 충분히 드러낼 수 있는 것이다. 그러므로 맹자는 "군자의 본성은 인의예지가 마음 속에 뿌리를 내리고 있는 것이다"[54]라고 말하는 것이니 '인의예지'(仁義禮智)는 곧 군자의 본성이 되는 것이다. 또한 맹자가 "구분되어져 일정하기 때문이다"라고 한 언급은 이러한 '인성' 가운데 필연적으로 "그것을 구하면 얻고 그것을 버리면 잃어버리는 것이니, 이러한 것을 구함은 얻는데 유익함이 있는데 그것은 자신에게 있는 것을 구하기 때문

53) 『孟子』, 「盡心上」, "君子所性, 雖大行不加焉, 雖窮居不損焉, 分定故也"

54) 『孟子』, 「盡心上」, "君子所性, 仁義禮智根於心"

이다."[55]라는 층차에 속한다고 할 수 있다.

그러므로 "구분되어져 일정하기 때문이다"라는 말은 심성이 도덕의 필연적 원칙 혹은 법칙을 드러내는 것으로 도덕법칙의 절대성과 책임성을 의미한다고 할 수 있다. 그리고 "자신에게 있는 것을 구한다"는 말은 이러한 절대적인 도덕법칙이 우리들에게 선천적으로 내재되어 있다는 것을 표시하며 또한 이러한 도덕법칙은 외부에서 구해지는 것이 아닌 것이기 때문에 의지의 자율성을 나타내는 것이다.

이상과 같이 맹자의 사유체계 속에서는 '심성'(心性)이 도덕법칙의 절대성 책임성 및 보편적인 효용성과 자율성을 내포하고 있기 때문에, 그가 주장한 성선설은 충분히 확립될 수 있는 것이다.

55) 『孟子』, 「盡心上」, "求則得之, 舍則失之, 是求有益於得也, 求在我者也."

제4장

도덕사상의 핵심

"맹자가 성선을 말했고 말씀마다 반드시 요순을 칭하셨다"[1]와 맹자 본인이 직접 언급한 "그 정과 같은 것은 선한 것이라고 할 수 있으니, 이것이 내가 말하는 선하다는 것이다."[2]라는 말과 앞 부분에서 논급한 맹자의 '인성론'(人性論)에 대한 해석을 근거로 볼 때 우리는 맹자가 '성선'(性善)과 '성불선'(性不善)에 대한 문제에 있어서 '성선'(性善)의 주장을 견지하고 있음을 충분히 알 수 있을 것이다. 그리고 이러한 '성선설'(性善說)에 대해서는 앞 부분에서 이미 객관적으로 증명을 했다.

이와 같은 것이 부정할 수 없는 명백한 사실이라고 했을 때 '인간의 선하지 않은 행위'라는 현상에 대해서 우리는 과연 어떻게 해석해야할 것인가? 라고 하는 의문이 제기될 수 있을 것이다. '인간의 선하지 않은 행위'는 우리들이 자기기

1) 『孟子』, 「滕文公上」, "孟子道性善, 言必稱堯舜"

2) 『孟子』, 「告子上」, "乃若其情, 則可以爲善矣"

만을 하지 않는 이상 분명한 객관적인 사실로 역시 부정할 수 없는 명백한 사실인 것이다.

또한 맹자 자신 역시 "불선(不善) 하는 것으로 말하면 타고난 재질의 죄가 아니다"[3]라고 언급한 적이 있다. 이와 같이 볼 때 비록 '심성'(心性)이 '선'(善)하다고 하는 주장을 견지하고 있는 맹자 역시 인간의 선하지 않은 행위에 대하여 충분히 부정할 만한 근거를 제시하지 못하고 있다.

만일 이와 같다면 맹자는 한편으로 '성선설'(性善說)을 주장하여 '인성'(人性)의 본래 모습은 '순수지선'(純粹至善) 하여 '불선'(不善)함이 없다고 생각하면서 다른 한편으로 인간의 선하지 않은 행위에 대하여 부정을 하지 않는 모습을 보이는 것이 되는데, 과연 이러한 부분은 맹자의 '인성론'(人性論) 체계에 있어서 내재적인 모순을 형성하고 있지 않은가 하는 의문이 생긴다. 이러한 문제는 충분히 검토해볼 만한 가치가 있다고 생각된다.

우리들은 먼저 논리의 모순을 구성하기 위한 필요조건으로 동일한 관점에서 동일한 영역의 동일한 사실을 관찰해야 하는 것이 선행되어져야 한다는 점을 숙지해야만 한다. 이러한 조건을 바탕으로 앞서 언급한 맹자의 견해를 분석해 본다면 그의 '성선설'(性善說) 이론체계 속에서는 내재적인 모순이 형성되어 있지 않았음을 충분히 납득할 수 있을 것이다.

---

3) 『孟子』, 「告子上」, "若夫爲不善, 非才之罪也" 여기에서 보이는 재질(才質)은 일반적인 의미로서의 재능이나 재화를 뜻하는 것이 아니고, 우리들이 선을 실천할 수 있는 능력을 지칭하는 것으로 맹자가 언급한 "양능"과 같은 맥락에서 보아야할 것이다.

즉 '성선'(性善)과 '선하지 않은 행동을 하는 것'은 맹자의 견해를 근거로 보았을 때 서로 다른 영역의 사실에 속하는 것이다.

다시 말하면 '성선'(性善)의 '선'(善)은 "본체론적 입장에서 사람들이 모두 선천적으로 본래 선한 도덕이 내재되어 있다."[4]는 것으로 '성체'(性體) 자체는 순수지선(純粹至善)한 것이 되기 때문에 선하지 않음이 없다는 것이다. 즉 이것은 '인성'(人性)을 본체론적으로 언급한 것으로 이 때의 '성'(性)은 형이상학적이며 초월적 차원의 영역에 속하게 된다는 것이다.

'인간이 선하지 않은 행위를 함'에서의 '선하지 않음'은 앞에서 언급한 영역에 속하지 않고 인간의 자연적 본능이 행동을 하는데 있어서 나타내는 표현을 의미한다.[5] 이러한 행위가 나타낼 수 있는 선하지 않은 상황은 객관적인 사실로 누구나 부인할 수 없는 명백한 사실인 것이다. 이렇게 본다면 '인간이 선하지 않은 행동을 함'은 본체론적 측면에서 언급된 것이 아니고 행위론적 측면에서 언급되어진 것으로 볼 수 있으며, 이러한 행위론적 측면은 형이하학적이며 경험적 차원의 영역에 속하게 되는 것이다.

이와 같이 볼 때 '성선'과 '선하지 않음'은 서로 다른 영역

---

4) 佐藤貢悅, 『中國古代天命思想の展開』, 東京, 學文社, 1996年, 136쪽 참조.

5) '인간이 선하지 않은 행동을 한다'는 말은 우리들의 자연적인 본능이 행동을 하는데 있어서 반드시 선하지 않은 행동을 하다는 의미가 아니라 다만 선하지 않은 행동을 할 가능성에 대한 것을 의미할 뿐이다.

에 속하고 있음을 알 수 있을 것임과 동시에 비록 맹자가 양자 모두를 객관적 사실로 승인한 것 역시 그의 '성선설'(性善說) 이론체계의 내재적 모순이라고 말할 수는 없을 것이다.[6]

'인간이 선하지 않은 행위를 함'은 앞 부분의 분석을 근거로 보았을 때 '성선'(性善)과는 내재적인 모순관계를 형성하고 있지 않다고는 할지라도 그것이 개관적인 사실임은 부정할 수 없다. 그렇다면 우리는 이러한 객관적인 사실로서의 '인간이 선하지 않은 행위를 함'의 유래에 대해서 과연 어떻게 해석해야 할 것인가? 이러한 문제에 대해서 좀더 자세하게 살펴보도록 하겠다.

1. 불선(不善)에 대한 분석

우리들은 과연 어떻게 맹자가 언급한 '선하지 않음'의 문제에 대하여 분석해나갈 것인가? 이러한 문제에 대해서 맹자의 언급 가운데 만족할 만한 해답을 찾기는 어렵다. 그 이유로는 앞서 언급한 바와 같이 '불선'(不善)의 문제가 맹자 '성선설'(性善說)의 객관적 타당성을 흔들 수는 없을 지라도 '인성론'(人性論)의 내함(內涵)에 있어서 문제점을 내포시킬 여지가 있기 때문이다. 그렇다면 맹자는 과연 어떻게 '불선'(不善)의 현상을 해석해 나갔을까? 이러한 문제를 해결하기 위해서는 먼저 '불선'(不善) 혹은 '악'(惡)에 대하여 개념분석이 선행되어

---

6) 周群振, 『儒學探源』, 臺北, 鵝湖出版社, 1986年, 181~182쪽 참조.

야 할 것이다.

1) 惡의 일반적인 의미

서양철학에 있어서의 '악'(惡)에 대한 정의는 기본적으로 형이상학적인 '악'(惡)의 개념에 대한 분석을 기초로 한다. 즉 '악'(惡)의 본질은 존재하는 실체에 있어야할 '선'(善)이 결여된 상태를 또는 존재하는 실체의 본성에게 마땅히 있어야할 '선'(善)의 소극적인 부정을 의미하는 것이다. 그러므로 존재자의 측면에서 본다면 '악'(惡)자체는 실체가 있는 존재가 아닌 것이다.

바꿔 말하면 '악'(惡)의 의미는 '선'(善)의 의미의 소극적인 부정에 대한 의미로 건립되기 때문에 '악'(惡)의 존재는 '선'(善)의 존재를 주체적인 상대성의 존재로 삼는다는 것이다. 또한 존재하는 모든 실체는 그 자신의 존재론적인 측면에 있어서 '선'(善)이라고 할 수 있으며 혹은 적어도 어떤 정도에 있어서 '선'(善)이라고 말할 수 있는 것이다. 그러므로 독립적으로 존재하거나 절대적인 '악'(惡)은 없다는 것이다.[7)]

서양철학에 있어서의 '악'(惡)의 종류에 대한 구분으로는 일반적으로 '물리적인 악'과 '윤리적인 악'이 있다. 위에서 언급한바와 같이 존재하는 모든 실체는 그 자신이 곧 '선'(善)인 것이며 실체 자체는 '악'(惡)이 될 수 없는 것이기 때문에 '물리적인 악'은 존재하는 실체의 본성이 본래 갖추고 있어야할

---

7) 曾仰如, 『倫理哲學』, 臺北, 臺灣商務印書館, 1985年, 37～44쪽 참조.

‘선’(善)의 ‘형식’의 결핍 혹은 외부의 힘에 의한 ‘선’(善)의 ‘형식’의 박탈로 윤리도덕과는 관계없는 것이다.

‘윤리적인 악’ 역시 ‘윤리적인 선’의 결핍을 의미하지만, ‘윤리적인 악’이 가치판단에 영향을 미치기 때문에 이성과 의지의 자유문제에 관련되어있다. 바꿔 말하면 ‘윤리적인 악’은 의지가 자유로운 상황아래서 도덕적 ‘선’(善)에 위배되는 잘못된 선택 및 수반되는 행위·습관·마음속의 태도라는 것이다.[8)]

중국철학에 있어서의 ‘악’(惡)에 대한 정의를 『說文解字』를 중심으로 살펴보면 다음과 같다. “악은 지나침이다. 마음이 쫓아가는 것이다.”[9)]라고 기록되어 있는데 이것은 곧 『說文解字』가 ‘악’(惡)이라는 개념에 대하여 ‘지나침’ 혹은 ‘과도함’으로 해석하고 있음을 의미하는 것으로, 좀더 구체적으로 말하면 곧 ‘악’(惡)이라는 것은 인간의 본분에 어긋난 과도한 행위를 의미하는 것이라고 할 수 있다. 즉 예의규범의 요구에 부합하지 않는 것을 ‘악’(惡)이라고 본 것이다. 이와 같이 볼 때 ‘악’(惡)이라는 개념은 윤리적 행위에 대한 착오 내지는 부당함을 의미하는 것으로 볼 수 있는 것이다.

윤리적 가치의 인간행위에 대한 요구의 입장에서 본다면 ‘지나침’뿐만 아니라 ‘부족함’역시 ‘악’(惡)이 된다고 할 수 있는데, 이는 공자가 언급한 “지나침은 부족한 것과 같은 것이다.”[10)]와 같은 맥락을 형성한다고 할 수 있는 것이다.

---

8) 項退結, 『西洋哲學辭典』, 臺北, 臺灣國立編譯館, 1976年, 112쪽 참조.

9) 許愼撰, 段玉裁注, 『說文解字注』, 上海, 上海書店, 1992年, 511쪽 참조.

또한 '악'(惡)은 '마음이 좇아가는 것이다'라고 하는 것은 '악'(惡)이 마음에서 발생하거나 혹은 최소한 마음과 밀접한 관계가 있음을 의미한다. 단옥재(段玉裁)의 주석에서는 "사람에게 지나침 있다"와 "지나침이 있으면 사람들이 그것을 미워한다"를 '악'(惡)으로 보았으며, 이 두 항목에 대하여 "본래 들어가고 나옴의 구별이 없다"라고 말한 것에 비춰볼 때 '악'(惡)이라는 것은 내자신의 마음에서 발생하여 행위의 잘못을 만드는 것이라고 볼 수 있는 것이다.

이와 같이 볼 때 유학에서 말하는 '악'(惡)은 윤리도덕행위의 가치판단 문제이지, 형이상학적 개념 혹은 인식론적 개념의 분석문제가 아닌 것이다.

선진시기(先秦時期)의 문헌들 가운데, 『詩經』 속에 '악'(惡)자의 용례가 나타나있지 않다고 해서 『詩經』 가운데에 '악'(惡)의 관념이 없었던 것은 아니다. 『詩經』 속의 '죄'(罪) 혹은 '구'(咎) 등을 '악'(惡)의 의미로 볼 수 있으며, 그 의미는 '천덕'(天德)·'천명'(天命)을 위배하여 하늘로부터 징벌을 받는다는 것이다.

또한 『尙書』 속에서는 '악'(惡)자의 용례가 11차례나 보이는데[11], 이곳에서 역시 '악'(惡)자는 '죄'(罪) 혹은 '구'(咎) 등의 의미로 쓰였다. 『尙書』 가운데 '악'(惡)개념이 인간 자신의 도덕적 과실을 의미하는 부분은 다음과 같다. 즉 「泰書」의

---

10) 『論語』, 「先進」"過猶不及"

11) 『十三經引得』, 「尙書引得」, 上海, 上海古籍出版社, 1986年, 의 통계 참조.

"덕을 심어 번성함에 힘쓰고, 악(惡)을 제거하여 근본에 힘쓴다."[12] 이것 외에도 '악'(惡)자는 도덕 혹은 예의규범을 파괴하는 의미로도 쓰였는데, 「康誥」의 "커다란 죄를 지으면 다른 사람에게 미움을 받으니, 부모에게 불효하거나 형제가 우애하지 않는 것도 죄를 짓는 것이다."[13]에서 찾아볼 수 있다.

유가사상의 기본적인 토대는 『詩經』과 『尙書』에 나타난 '천명사상'(天道思想)이라고 할 수 있다. 그러므로 전통적인 '천명유덕'(天命有德)과 '천토유죄'(天討有罪)의 관념은 '선'(善)과 '악'(惡)에 대한 가치판단의 의미를 포함하고 있다고 할 수 있는 것이다.

『詩經』과 『尙書』 속에서 말하는 '실덕'(失德)과 '유죄'(有罪)는 비록 원래는 '천덕'(天德)과 '천명'(天命)의 상대적인 개념으로 쓰였으며 '천도'(天道)를 위배하여 하늘로부터 징벌을 받는다는 것을 의미하는 것이다. 그러나 이러한 '실덕'(失德)과 '유죄'(有罪)가 현실 속에서는 도덕 혹은 예의규범의 파괴를 의미하는 것이다.

다시 말하면 '천도'(天道)가 현실의 인간세계에 구현되어 윤리규범의 기초가 되기 때문에 '인도'(人道)의 측면에서 본다면 인간이 마땅히 있어야할 도덕적 '선'(善)이 결핍된 상태를 '악'(惡)이라고 할 수 있는 것이다.

이것 외에 『詩經』과 『尙書』에 나타나있는 '천명유덕'(天命有德)과 '천토유죄'(天討有罪)등의 관념은 인격과 의지를 갖춘

---

12) 「泰書」"樹德務滋, 除惡務本"

13) 「康誥」, "元惡大憝, 矧惟不孝不友"

'인격신'(人格神) 혹은 하나님과 관련된 것이라는 견해가 있는데, 인격신으로부터 비롯된 징벌이 인간에게 내재되어있는 '선'(善)에 대한 것이라는 말은 곧 '선'(善)형식의 박탈이다. 그러므로 물리적인 '악'(惡)으로 볼 수 있는 것이다.[14] 그렇지만 중국의 전통사상가운데 인격신의 인간에 대한 권선징악(勸善懲惡)은 그 목적이 인간에 대한 징벌에 있지 않고, 인간행위에 대한 규범적인 의미와 가치를 강조하는데 있다고 보아야할 것이다.

과연 어떻게 '불선'(不善) 혹은 '악'(惡)의 문제를 볼 것인가에 대해서 우리는 맹자의 이론을 근거로 선하지 않은 행위의 출현에 대한 원인분석을 하고 이것을 바탕으로 하여 한 걸음 더 나아가 다음 부분에서는 '선을 행하고 악을 제거하는'방법론에 대하여 심도 있는 토론을 해보도록 하겠다.

2) 불선(不善)의 내적 원인

공도자가 물었다. 똑같이 사람인데, 어떤 사람은 대인(大人)이 되고 어떤 사람은 소인(小人)이 되는 것은 무엇 때문입니까? 맹자가 말했다. 그 대체(大體)를 따르는 사람은 대인이 되고, 그 소체를 따르는 사람은 소인이 되는 것이다. 똑같이 사람인데, 어떤 사람은 그 대체를 따르고 어떤 사람은 소체를 따르는 것은 무엇 때문입니까? 귀와 눈의 기능은 생각하지 못하여 사물에 가리워 지는 것이니, 사물(외부 사물)이 다른 사물

14) 黃維潤, 「中西哲學論惡之比較」, 臺北, 輔仁大學 哲學研究所 博士學位論文, 1984年, 109~113쪽 참조.

(눈과 귀)과 교류하면 거기에 끌려갈 뿐이다. 마음의 기능은 생각하는 것이니, 생각하면 얻고 생각하지 못하면 얻지 못한다. 이것은 하늘이 우리에게 부여해 준 것이니, 먼저 그 큰 것을 세운다면 그 작은 것이 빼앗지 못할 것이다. 이렇게 하는 것이 대인이 되는 것일 따름이다.[15)]

위의 인용문에 담겨져 있는 의미를 근거해서 볼 때 '대인'(大人)과 '소인'(小人) 그리고 '대체'(大體)와 '소체'(小體)의 구분은 가치측면의 귀천(貴賤)의 구별을 내포하고 있음을 알 수 있을 것이다.[16)] 이러한 점에 대해서 맹자가 더욱 분명하게 언급한 부분은 "몸에는 귀한 것과 천한 것이 있으며, 작은 것과 큰 것이 있으니, 작은 것을 가지고 큰 것을 해치지 말며, 천한 것을 가지고 귀한 것을 해치지 말아야 하는 것이니, 작은 것을 기르는 자는 소인이 되고, 큰 것을 기르는 자는 대인이 되는 것이다."[17)]에 잘 나타나 있다.

맹자가 '대체'(大體)를 인식하는 기능이 마음에 있다라고

15) 『孟子』, 「告子上」, "公都子問曰: 鈞是人也, 或爲大人, 或爲小人, 何也? 孟子曰: 從其大體爲大人, 從其小體爲小人. 曰: 鈞是人也, 或從其大體, 或從其小體, 何也? 曰: 耳目之官不思, 而蔽於物, 物交物, 則引之而已矣. 心之官則思, 思則得之, 不思則不得也. 此天之所與我者, 先立乎其大者, 則其小者不能奪也. 此爲大人而已矣."

16) 엄밀하게 말해서 '대체'는 귀한 것이고 '소체'는 천한 것이라는 견해는 적당하다고 볼 수 없다. 그 이유로는 눈과 귀 등의 자연적인 감각기관은 그 자체가 가치 중립적인 것이기 때문에 우리들이 그것을 어떻게 사용하느냐에 따라서 그것들의 가치가 정해지기 때문이다.

17) 『孟子』, 「告子上」, "體有貴賤, 有大小. 無以小害大, 無以賤害貴. 養其小者爲小人, 養其大者爲大人."

언급한 의미 속에는 마음을 '인의'(仁義)로 본 내함이 담겨져 있으며 '생각'을 본질적인 작용으로 본 측면도 담겨져 있다. 그래서 주자는 "마음은 생각을 할 수 있는 것이고 생각하는 것으로써 직분을 삼는다"[18]라고 주석을 한 것이다.

그렇다면 이러한 '생각 함'이 마음의 기능이 되며 직분이라고 하는 의미를 과연 어떻게 이해해야 할 것인가? 이러한 의문에 대하여 서복관(徐復觀) 같은 경우 "생각함이란 의미는 반성과 사고의 두 가지 뜻을 가지고 있는데, 맹자는 반성적인 측면에 무게를 더 둔다."[19]라고 언급하고 있는데, 그의 이러한 해석이 꼭 틀리지는 않았다고는 해도 표면적인 해석이라는 지적을 벗어나기는 어려울 것이다.

왜냐하면 '반성'이란 단어는 충분히 여러 가지 측면으로 해석이 가능하기 때문이다. 즉 '반성'이란 단어를 심리학적 의미의 자기검증으로 해석 해본다면 그것은 일반적 의미의 자기반성이나 자기이해 등으로 인식될 수도 있기 때문이다. 그러나 맹자에 있어서의 '생각 혹은 사고'의 의미는 그렇게 느슨한 의미로 쓰인 것이 아니었다.

'생각'은 마음 기능의 본질적인 작용이며, 또한 이러한 마음은 경험론적 의미의 마음이 아닌 초월적 도덕심을 의미하는 것이기 때문에 도덕심의 본질적인 작용으로서의 '생각'이 되는 것이다. 이러한 부분에 대하여 모종삼(牟宗三)은 다음과 같이 말하고 있다.

18) 朱熹, 『孟子章句集注』, 「告子上」, "心則能思, 以思爲職"

19) 徐復觀, 『中國人性論史』, 臺北, 臺灣商務印書館, 1990年, 171쪽 참조.

> 마음의 기능이란 곧 인의의 마음을 언급하고 있는 것을 뜻하기 때문에 "생각"이라는 단어 역시 인의의 마음을 덮어두고 말한 것이다.…… 엄밀하게 말해서 측은 수오 공경 시비의 마음 가운데는 생각을 밝히는 작용(성실함(誠)을 밝히는 작용)이 있다. 이러한 생각은 곧 맹자에서의 "성실히 할 것을 생각함"에서의 생각인 것이며, 역시 홍범의 "생각하는 것은 지혜로워야 하며 …… 지혜는 성인을 만든다"의 생각과 같은 맥락을 형성한다. 칸트의 언급에 의하면 이것은 실천이성 가운데의 생각이며 이론이성 가운데의 생각이 아닌 것이다.[20]

'생각'은 실천이성에 속하는 것이기 때문에 맹자는 생각함과 생각하지 않음에 의해서 '인의'(仁義)의 본심이 존재하고 망실되는 것으로 규정한 것이다. 이것은 곧 만약 우리들이 '생각'의 성실함을 밝히는 작용을 드러낼 수 있다면 '인의'(仁義)의 본심이 존재하고 실재한다는 것을 내적으로 증명할 수 있게 되는 것으로, 모든 개인의 사사로운 욕망의 표출 역시 이러한 '인의'(仁義)의 본심에 통괄되어 '선'(善)의 욕망으로 변모하게 된다는 것이다.

그렇지 않고 만일 우리들이 '생각'의 성실함을 밝히는 작용을 드러낼 수 없게된다면 개인의 사사로운 욕망은 '인의'(仁義)의 본심의 통제에서 벗어나 악의적인 욕망으로 변모하게 되는 한편 '인의'(仁義)의 본심은 망실되어 존재하지 않게 될 것이다.[21] 맹자 역시 이러한 것으로써 '금수지변'(禽獸之辨)이

---

20) 牟宗三, 『圓善論』, 臺北, 學生書局, 1985年, 51~52쪽 참조.

21) 엄밀하게 말하자면 '인의예지'(仁義禮智)의 본심은 이미 선천적으로

나 '군자서민지분'(君子庶民之分)을 판별하는 기준으로 삼았다. 이러한 부분에 대해서는 "사람이 금수와 다른 것이 아주 적은데, 서민은 그것을 버리고 군자는 그것을 보존한다."[22]와 "군자가 다른 사람들과 다른 까닭은 그 마음을 보존하는 것 때문이다. 군자는 인(仁)으로써 마음을 보존하며 예(禮)로써 마음을 보존한다."[23]에 잘 나타나 있다.

바꿔 말하면, 인간의 행위의 옳음과 그름의 여부는 그 원인이 내재되어 있다는 말은 전적으로 우리들의 '생각' 즉 이러한 마음 기능의 본질적인 성실함을 밝히는 작용을 할 수 있는지 없는지의 여부에 달려있다는 것이다.

그러므로 주자는 "모든 외부 사물이 들어올 때에 마음이 그 직분을 잘 해내면 그 도리를 얻어서 외부 사물이 그것을 가리지 못하고, 그 직분을 잃으면 그 도리를 얻지 못하여 외부 사물이 들어옴에 가려진다."[24]라고 주석 한 것 역시 우리

내재되어 있는 것이다. 이것이 바로 인성의 본래 모습이며 인성과 도덕성은 선천적인 분석관계이기 때문에 우리는 존재하고 망실된다는 단어로 그것을 형용할 수는 없는 것이다. 다만 이러한 선천적인 의미로서의 본심이 경험세계의 영역으로 떨어졌을 때 그것의 드러남이 때로는 감추어지고 때로는 나타나기도 하는 등의 모든 순간에 일정하게 드러나 그 실질작용을 하지 못하기 때문에 경험적·현상적 측면에서 말하면 부득이하게 그것이 드러나 있을 때를 존재한다고 하고 드러나 있지 않을 때를 망실된다고 표현하는 것이다.

22) 『孟子』, 「離婁下」, "人之所以異於禽獸者幾希, 庶民去之, 君子存之."

23) 『孟子』, 「離婁下」, "君子所以異於人者, 以其存心也. 君子以仁存心, 以禮存心."

24) 朱熹, 『孟子章句集注』, 「告子上」, "凡事物之來, 心得其職, 則得其理, 而物不能蔽; 失其職, 則不得其理, 而物來蔽之."

들의 마음 기능이 만일 그 본질적인 작용인 '생각'을 하지 못하게 된다면 본심이 가지고 있는 '인의예지'(仁義禮智)라고 하는 '덕'(德)들이 일정하게 드러나지 못하게 되어 감각기관들이 우리들이 보고 듣고 말하고 행동하는 것들을 주재하게 되어 모든 일에 대하여 합리적인 판단을 하지 못하게 되는 것이다. 이러한 점들이 바로 우리들이 선하지 않은 행위를 할 수 있는 가능성의 내적 원인의 시초가 되는 것이다.

좀 더 확대하여 눈과 귀 등의 감각기관의 작용에 대해서 말해보겠다. "귀와 눈의 기능은 생각하지 못하여 사물에 가리워 지는 것이니, 사물(외부 사물)이 다른 사물(눈과 귀)과 교류하면 거기에 끌려갈 뿐이다."[25] 즉 눈과 귀 등은 우리들의 자연적인 감각기관으로 그 자체는 선함도 없고 '불선'(不善)함도 없는 것이다. 이러한 감각기관의 특징으로는 그것이 '생각'이라고 하는 성실함을 밝혀주는 작용을 발생시킬 수 없기 때문에 보고 듣는 것에 있어서 외부 사물에 구애받기가 쉽다는 것이다.

주자가 이러한 부분에 대하여 "귀는 듣는 것을 맡고 눈은 보는 것을 맡아서, 각기 맡은 것이 있으나, 생각할 수는 없다. 이 때문에 외부 사물에 가려지니, 이미 생각하지 못하여 외부 사물에 가려지면 역시 하나의 사물일 뿐이다. 또 외부 사물로써 이러한 사물(耳目)과 교류하면 거기에 끌려가는 것이 어렵지 않게 된다."[26]라고 해석한 부분에서 볼 수 있듯이 외부 사

25) 『孟子』, 「告子上」, "耳目之官不思, 而蔽於物, 物交物, 則引之而已矣"
26) 朱熹, 『孟子章句集注』, 「告子上」, "耳司聽, 目司視, 各有所職而不能

물은 하나의 사물이며 '생각'을 할 수 없는 눈과 귀 등의 감각기관 역시 하나의 사물인 것이다. 이와 같이 '사물'과 '사물'이 교류를 하게되면 눈과 귀 등의 감각기관은 외부 사물에 이끌려지게 되어 외부 사물을 따르게 된다는 것이다. 이렇게 되면 지선(至善)한 도덕심이 '선'(善)할 수도 있고 '선'(善)하지 않을 수도 있는 자연적 본능으로 전화될 수 있어 보고 듣고 말하고 행동하는 것 모두가 일일이 이치 혹은 도리에 맞지 않게 된다는 것이다.

다시 말하면 눈과 귀 등의 감각기관은 '생각'을 해야하는 책임이 없으며 다만 우리들의 보고 듣는 기능을 담당할 뿐이다. 만일 마음이 '생각'이라고 하는 실질적인 작용을 제대로 한다면 보고 듣고 말하고 행동하는 것 역시 사리에 맞게되고 '선'(善)의 경지에 도달할 수 있을 것이다.

그러나 만일 마음이 그러한 기능을 상실하게 되어 생각을 하지 않고 외부 사물에 눈과 귀 등의 감각기관이 매몰되어 외부 사물이 이끄는 대로 끌려간다면 우리들의 자연적 본능이 나타나게 되어 도덕실천의 가능성을 보장할 수 없게 되기 때문에 선하지 않은 행위가 나타난다는 것이다.

그래서 맹자는 "두 손으로 에워싸는 것이나 한 손으로 잡을 수 있는 오동나무나 가래나무를 사람들이 진실로 기르고사 한다면 모두 기르는 방법을 알지만, 자신에 대해서는 기르는 방법을 알지 못하니, 어찌 자신을 사랑하는 것이 오동나무

思, 是以蔽於外物, 既不能思而蔽於外物, 則亦一物而已. 又以外物交於此物, 其引之而去不難矣."

나 가래나무를 사랑하는 것만 같지 못하기 때문이겠는가? 생각하지 않음이 심하기 때문이다."[27] 이와 같이 볼 때 "생각하지 않음"은 사람이 선하지 않은 행위를 하는 내적 원인임이 분명하다고 할 수 있다.

3) 불선(不善)의 외적 원인

> 우산(牛山)의 나무가 일찍이 아름다웠는데, 그것이 큰 도시의 외곽에 있었기 때문에 도끼로 매일 베어가니, 아름답게 될 수 있겠는가? 그 밤낮에 자라나는 것과 비와 이슬이 적셔주는 것에서 싹의 자라남이 없는 것이 아니지만, 소와 양을 또(도끼로 베는 것에)이어서 방목하므로 그 때문에 저와 같이 반질반질한 것이니, 사람들이 그 반질반질한 것을 보고서 일찍이 재목이 있지 아니하였다고 생각하는 것이니 이것이 어찌 산의 본래 모습이겠는가? 비록 사람에게 있는 것인들 어찌 어질고 의로운 마음이 없겠는가마는 그 양심을 놓아버리는 것이 또한 도끼가 나무에 대해서 아침마다 베어 가는 것과 같으니, 그러고서도 아름답게 될 수 있는가? 그 낮과 밤이 양심을 자라나게 하는 것과 새벽의 기운에 있어서도, 그 좋아하고 미워하는 것이 다른 사람과 서로 비슷한 것이 거의 드문데, 그 아침과 낮에 하는 소행이 이를 꽁꽁 묶어서 없애버리니 꽁꽁 묶어서 없애는 것을 반복하면 밤의 기운도 양심을 보존할 수 없다. 밤의 기운이 보존할 수 없으면 금수와 거리가 멀지 않게 된다. 사람들은 그 금수같은 모습만을 보고서 일찍이 좋은 재질이 있지

27) 『孟子』, 「告子上」, "拱把之桐梓, 人苟欲生之, 皆知所以養之者. 至於身, 而不知所以養之者, 豈愛身不若桐梓哉? 弗思甚也."

않았다고 생각하는 것이니 이것이 어찌 사람의 본래 모습이겠는가?[28]

위의 인용문에 볼 수 있듯이 맹자는 한편으로 '성선설'(性善說)을 견지하며 도덕은 선천적으로 우리들의 '심성'(心性) 가운데에 내재되어있다고 생각했으며, 다른 한편으로는 외재한 객관적인 환경이 '심성'(心性)의 '덕'(德)이 드러나는 것에 대하여 어느 정도의 영향력을 행사하고 있음을 인정한다.

맹자는 큰 도시의 외곽에 위치한 우산(牛山)의 나무를 비유로 들어 인성이 열악한 환경에 직면했을 때 '인성'(人性) 자체에 본래 구비되어 있는 '지선'(至善)을 다 발휘하여 선한 행위를 할 수 있는 것은 무척이나 어렵다고 말하고 있다. 즉 평범한 사람이 열악한 환경에 처하게 되면 그의 언행은 금수와 가깝게 되어 선하지 않게 된다는 것이다. 이와 같이 볼 때 환경이 인간의 도덕실천 여부에 미치는 영향은 매우 중대하다고 할 수 있으며 맹자 역시 이러한 점에 대해서 매우 신중하게 접근하고 있다고 할 수 있다. 그래서 맹자는 만일 적당한 환경이 조성되지 않는다면 우리들이 가지고 있는 '심성'(心性)

---

28) 『孟子』, 「告子上」, "牛山之木嘗美矣, 以其郊於大國也, 斧斤伐之, 可以爲美乎? 是其日夜之所息, 雨露之所潤, 非無萌蘖之生焉, 牛羊又從而牧之, 是以若彼濯濯也. 人見其濯濯也, 以爲未嘗有材焉, 此豈山之性也哉? 雖存乎人者, 豈無仁義之心哉? 其所以放失其良心者, 亦猶斧斤之於木也, 且旦而伐之, 可以爲美乎? 其日夜之所息, 平旦之氣, 其好惡與人相近也者幾希, 則其旦晝之所爲, 有梏亡之矣. 梏之反覆, 則其夜氣不足以存; 夜氣不足以存, 則其違禽獸不遠矣. 人見其禽獸也, 而以爲未嘗有才焉者, 是豈人之情也哉?"

의 '선덕'(善德) 역시 표출 될 수 없다고 말한다.

> 풍년이 든 해에는 젊은이들이 풍년에 힘입어 많이 온순해지고, 흉년이 든 해에는 젊은이들이 많이 포악해지는데, 이것은 하늘이 자질을 내림이 이와 같이 다른 것이 아니라, 그 마음을 빠뜨리는 것이 그렇게 만드는 것이다. 지금 보리를 파종하여 씨앗을 덮되 그 땅이 같고 심는 시기가 같으면 쑥쑥 자라나서 하지 때에 이르러 모두 익는 것이니, 비록 같지 아니한 것이 있다 하더라도 그것은 곧 땅에 비옥함과 척박함의 차이가 있기 때문이며 비와 이슬의 배양과 사람이 가꾸는 일이 같지 않기 때문이다.[29]

맹자는 우리들이 동일한 '지선'(至善)의 '심성'(心性)을 가지고 있다고 하여 "하늘이 자질을 내림이 이와 같이 다른 것이 아니다"라고 말한다. 그러나 '인성'(人性)이 사람마다 같다고 하지만 실제로는 평소에 다른 모습을 보이는 이유는 과연 어디에 있는가 라고 하는 의문이 생길 수 있다. 즉 풍년이 든 해와 흉년이 든 해에 젊은이들이 다른 모습을 보인다는 것이다. 풍년이 든 해에는 젊은이들이 일반적으로 모두들 온순한 경향을 나타내고, 흉년이 들어서 수확물이 풍족하지 못했을 때는 젊은이들이 무도하고 폭력적인 성향을 보이는데 그 이유는 과연 어디에 있는 것일까?

---

29) 『孟子』, 「告子上」, "富歲, 子弟多賴; 凶歲, 子弟多暴, 非天之降才爾殊也, 其所以陷溺其心者然也. 麰麥播種而耰之, 其地同, 樹之時有同, 浡然而生, 至於日至時, 皆熟矣. 雖有不同, 則地有肥磽, 雨露之養, 人事之不齊也."

맹자는 이러한 이유에 대하여 마음이 환경에 매몰되기 때문이라고 생각하여 보리의 예를 들어서 설명한다. 즉 "지금 보리를 파종하여 씨앗을 덮되 그 땅이 같고 심는 시기가 같으면"이라고 언급하는데 이것은 보리가 처한 외재적인 환경의 요인이 모두 같게되면 보리들은 자연스럽게 쑥쑥 자라나게 되어 하지에 이르러 모두 잘 익게 된다는 것을 의미한다. 그러나 만일 보리가 처한 외재적인 환경의 요인이 같지 않다면, 즉 "땅에 비옥함과 척박함의 차이 비와 이슬의 배양과 사람이 가꾸는 일이 같지 않음"이라는 조건이 주어진다면 보리를 수확할 때 제대로 익은 것과 제대로 익지 않은 것 그리고 풍성한 수확과 그렇지 못한 수확의 차이가 있을 것이라고 말한다.

이와 같이 볼 때 파종한 보리의 종자는 모두 같은 것이지만 보리를 배양하고 성장시키는 외적 환경 혹은 외적 조건이 다르기 때문에 수확의 차이가 발생한다는 사실을 인식할 수 있으며, 마찬가지로 알맞은 환경의 조성이 우리들로 하여금 '인의'(仁義)를 실천케 하는데 매우 중요한 요인이라는 것을 충분히 알 수 있게 되는 것이다.

바꿔 말해서, 만일 우리들 자신이 매우 열악한 환경에 놓이게 된다면 즉 불량한 교육 및 사회풍토 등등의 열악한 환경이 오랫동안 지속된다면 선한 본성 역시 은폐되어 드러나지 못하게 되어 결국에는 인성의 본래 모습을 상실하게 되어 인간은 선하지 않은 행위를 하게 된다는 것이다.

이러한 점들이 바로 맹자가 생각한 인간이 선하지 않은 행위를 하게되는 원인인 것이다. 또한 맹자는 비록 이러한 경험적 측면으로 '성선설'(性善說)을 수립하지는 않았지만 후천적 환경의 중요성에 대해서도 결코 소홀히 여기지 않았음을 의미하는 것이라고 말할 수 있는 것이다.

이상과 같이 우리는 '불선'(不善)의 원인을 두 가지 측면에서 조명해보았다. 만일 혹자가 이러한 두 가지 측면 가운데 과연 어떤 것이 더 관건적인 요소로 작용할까? 라고 묻는 다면 "생각하지 않음"이라고 하는 내적 원인이 더 관건적인 요인을 가지고 있다고 대답할 수 있을 것이다. 즉 만일 우리들의 마음이 '생각'이라고 하는 제 기능을 다 발휘한다면, 우리가 도덕상에 있어서 어떤 장애나 위태로움에 직면했을 때 바로 '의'(義)로써 그것을 헤쳐 나갈 수 있기 때문에 도덕적 가치를 충분히 체현할 수 있다는 것이다.

그러나 반대로 마음이 생각을 하지 않았을 때는 비록 좋은 외적 환경이 조성된다고 하여도 역시 눈과 귀 등의 감각기관들이 외부 사물에 가리워지고 이끌려서 결국은 선할 수도 있고 선하지 않을 수도 있는 자연적인 본능이 나타나게 되어 인간이 금수(禽獸)와 다른 점을 충분히 체현할 수 없는 상황에 이르게 된다는 것이다.

인간과 금수의 구분에 대하여 맹자는 동일한 본질과 동일한 측면의 상이함에서 조명하지 않고 다른 본질과 다른 측면에서 구분한다. 즉 맹자는 오직 인간만이 '인의'(仁義)를 실천할 수 있는 자각능력을 가지고 있다고 생각하였으며, 또한 인간에게는 도덕의 자각으로 자연적 본능을 지배할 수 있는 능력이 있다고 보았다. 그러나 인간은 누구나 자연적 본능을 가지고 있는 존재이며 이러한 자연적 본능은 임의로 버릴 수 없는 것이기 때문에 현상적 경험적 측면에서 선하지 않은 행위를 할 수 있는 가능성이 있는 것이다.

2. 수양 방법론

'불선'(不善) 혹은 '악'(惡)개념의 존재가 비록 부정할 수 없는 객관적인 사실이라고 할지라도, 이러한 객관적인 사실은 맹자 '성선설'(性善說)의 객관적 타당성을 흔들 수는 없다. 한 걸음 더 나아가 말하면 현상계나 경험세계에 존재하는 '불선'(不善)은 실천적인 측면에서 '선'(善)에 대하여 상대적으로 형성된 것이며, 이러한 영역에서 말하는 '선'(善)과 '불선'(不善)은 서로 상대적인 모습을 이루고 있다.

그러나 맹자의 '성선설'(性善說) 가운데의 '선'(善)은 이러한 영역에 속하지 않는 것이다. 즉 맹자가 언급한 '선'(善)이라는 것은 '불선'(不善)과 상대적인 개념으로 쓰인 것이 아니라 '심성'(心性) 자체의 '선'(善)을 말하는 것이다. 다시 말하면 초월적 절대적 의미의 '선'(善)으로 이것은 곧 '순수지선'(純粹至善)의 '선'(善)을 의미하는 것이다.

그러므로 송대(宋代)의 호안국(胡安國)은 "맹자가 언급한 성선 이라는 것은 찬미의 단어로 악과 대비되는 것이 아니다"[30]라고 말하는데, 이것은 맹자의 '성선설'(性善說) 가운데

30) 黃宗羲 撰, 全祖望 補, 『宋元學案』, 卷四十二, 「五峰學案」, 上海, 文瑞樓發行, 鴻章書局石印本.

의 '선'(善)이 '선'(善)과 '악'(惡)이라고 하는 상대적 개념을 뛰어넘은 초월적 절대적 본체로서의 '지선'(至善)을 의미하는 것이라고 할 수 있다. 이러한 측면에서 본다면 객관적 사실로서의 '불선'(不善)은 실제로는 '성선설'(性善說)의 객관적 타당성에 대하여 어떠한 장애요소로도 자리잡지 않을 것이다.

'인성'(人性)의 본래 모습에서 말한다면 즉 맹자는 이러한 절대적 본체로서의 '지선'(至善)의 의미로서 '선'(善)이 인간의 본성이라고 생각한다. 그래서 맹자는 "인간이 금수와 다른 것이 아주 적은데, 서민은 그것을 버리고 군자는 그것을 보존한다."[31)]라고 말하여 '인의예지'(仁義禮智)의 마음을 사람들이 저마다 가지고 있는 '양지'(良知)로 파악하고 보존한다고 주장하는 것이다. 이와 같이 우리들에게 본래 구비되어 있는 초월적 '본심'에 의해서 모든 행위를 하게 된다면 인간의 일체 행위는 '심성'의 통제 속에서 '선'(善)을 하지 않을 수 없게된다는 것이다. 그러나 이것은 이상적인 인격의 측면에서 언급한 것인데 즉 맹자는 "요와 순은 본성 그대로 산 사람이었고, 탕과 무는 본성을 회복한 사람이었다"[32)]라고 하여 요(堯)와 순(舜)을 이상적인 인격을 갖춘 사람으로 보아서 그들의 행위는 본래 어떠한 수양의 과정이 필요 없는 완벽함 그 자체라고 판단한 것이다.

그렇지만 일반 사람들은 대부분은 행위에 있어서 반드시 탕(湯)과 무(武)처럼 일단의 수양과정을 통한 본성의 회복이 필

---

31) 『孟子』, 「離婁下」, "人之所以異於禽獸者幾希, 庶民去之, 君子存之"
32) 『孟子』, 「盡心下」, "堯舜, 性之也; 湯武, 反之也"

요한 것이다. 그러므로 이와 같은 후천적인 수양의 과정은 반드시 필요한 것이다. 그 이유로는 한편으로 우리들 대부분이 요(堯)와 순(舜)처럼 이상적인 인격을 갖추지 못했기 때문이며 만일 이러한 수양의 과정을 거치지 않고 모든 행위를 자연적인 본능에 맡겨둔다면 도덕실천은 필연적으로 보장받지 못하게 될 것이라는 점에 대해서는 앞서 지적한 바와 같다.

이러한 수양의 과정은 바로 도덕실천의 당위성을 자각해나가는 과정인 것이며 오직 이러할 때에만 우리들의 '공부'(工夫)가 우연적인 일이 아니게 되어 도덕교화의 항상성과 필요성이 확보가 되는 것이다.

1) 양기(養氣)의 수양 방법

> 천하의 넓은 집에 거쳐하며, 천하의 바른 자리에 서며, 천하의 큰 도리를 행하여, 뜻을 얻으면 백성과 함께 도를 행하고, 뜻을 얻지 못하면 홀로 그것을 행하여, 부귀가 마음을 방탕하게 하지 못하게 하고, 빈천이 뜻을 바꾸지 못하게 하며, 무력이 절개를 굽히게 할 수 없는 것, 이를 대장부라 한다.[33]

맹자는 부귀 빈천 무력 등의 외부 환경에 의해서 군자 자신의 뜻을 굽히지 않는 것을 대장부의 기개로 보았다. 이러한 의미와 같은 맥락을 형성하고 있는 언급들이 "대인을 유세할

---

33) 『孟子』, 「滕文公下」, "居天下之廣居, 立天下之正位, 行天下之大道. 得志與民由之, 不得志獨行其道. 富貴不能淫, 貧賤不能移, 威武不能屈. 此之謂大丈夫."

때는, 그들을 조그맣게 여기고 그 높은 것은 보지 말아야 한다."[34] "비록 (출세하여 그의 뜻이) 크게 행해지더라도 더해지지 아니하며, 비록 곤궁하게 거쳐하더라도 줄어들지 않는 것"[35] 등 다른 곳에서도 보이고 있는데, 이러한 것들이 의미하는 것은 바로 '부동심'(不動心)이라고 하는 한마디로 요약될 수 있다.

'부동심'(不動心)에 대해서는 맹자에 "공손추가 물었다: 선생님께서 제나라의 재상자리에 오르시어 도를 행할 수 있게 된다면, 비록 이로 말미암아 패업을 이루거나 왕업을 이룬다 하더라도 이상하지 않을 것입니다. 이와 같다면 마음이 동요되겠습니까? 맹자가 말했다: 아니다 나는 사십 세가 되었으니 마음이 동요되지 아니한다."[36]라고 언급되어 있는데, 이것은 맹자 자신이 사십 여세 무렵에 이미 어떠한 외부 사물에 의해서도 흔들리지 않는 마음을 갖게 되었음을 의미하는 것이다.

그렇다면 이와 같은 '부동심'(不動心)의 경지는 과연 어떻게 도달할 수 있는 것인가? 혹은 더 나아가 이러한 '부동심'(不動心)은 맹자 자신의 수양공부의 최종 목적인가? 라고 하는 의문이 제기될 수 있다. 이러한 의문에 대해서는 맹자와 공손추(公孫丑)의 대화를 통해서 그 해결의 단서를 찾아볼 수 있을 것이다. 즉 공손추가 당시에 맹자가 사십 세에 '부동심'

---

34) 『孟子』, 「盡心下」, "說大人, 則藐之, 勿視其巍巍然"

35) 『孟子』, 「盡心上」, "雖大行不加焉, 雖窮居不損焉"

36) 『孟子』, 「公孫丑上」, "公孫丑問曰: 夫子加齊之卿相, 得行道焉, 雖由此霸王不異矣. 如此, 則動心否乎? 孟子曰: 否. 我四十不動心."

(不動心)의 경지에 도달했다고 하는 말을 들었을 때 말하기를 "선생님께서는 맹분(孟賁)보다 크게 뛰어나십니다"[37]라고 하고 맹자가 "이것은 어렵지 아니한 것이다. 고자도 나보다 먼저 마음이 동요되지 아니하였다."[38]라고 대답한 부분에서 알 수 있듯이 맹자는 '부동심'(不動心)을 수양공부의 최종 목적으로 보지 않았음과 동시에 도덕의미가 함축된 것으로도 보지 않았다. 이와 같이 만일 '부동심'(不動心)에 수양공부의 목적 혹은 도덕의미가 함축되지 않았다고 한다면 우리는 굳이 '양기'(養氣)로써 '부동심'(不動心)에 도달하는 수양의 과정을 조명할 필요가 없을 것이다. 이러한 점에 대하여 주군진(周群振)의 견해를 참고하여 논의해보도록 하겠다.

> 맹자가 언급한 "부동심"은 형식 의미와 실질 의미의 구별이 있다고 할 수 있다. 대체로 사람이 사십 세가 되면 세상도 살 만큼 살았고 겪어본 일도 많기 때문에 어떠한 일에 대해서도 그 원칙은 다소간의 차이가 있어도 누구나 이미 정해져 있다. 이러한 것이 일반적인 형식 의미가 되는 것이다. 공자나 맹자와 같은 성현들은 평생동안 본성을 따라 도덕을 수양하고 덕을 밝히고 백성들을 사랑하는 것을 그 주된 임무로 삼는다. 이러한 것들은 외래 사물에 의해서 그 마음이 흔들리지 않는 자주적인 것으로 일반 형식 의미와 동떨어진 것이 아님과 동시에 독특한 성질의 실질 의미가 되는 것이다.[39]

37) 『孟子』, 「公孫丑上」, "夫子過孟賁遠矣"
38) 『孟子』, 「公孫丑上」, "是不難, 告子先我不動心"
39) 周群振, 『儒學探源』, 臺北, 鵝湖出版社, 1986年, 217쪽 참조.

바꿔 말하면, 고자의 '부동심'(不動心)은 외재적인 형식 의미만 가지고 있기 때문에 단지 생물체가 부단한 훈련의 과정을 거쳐 이룬 습관성 행위일 뿐이라는 것이다. 진일보해서 말하면, 고자의 '부동심'(不動心)에 있어서의 '마음'은 실제로는 경험적 측면의 '마음'을 의미하는 것이다. 그러므로 고자는 "말에서 납득이 되지 아니하면 마음에서 구하려고 하지 말며, 마음에서 납득되지 아니하면 기운에서 구하려고 하지 말라"40)라고 말하고 있는 것이다. 즉 고자가 이해한 '마음'은 맹자의 배우지 않고 할 수 있고 생각하지 않고도 알 수 있는 '양능'(良能) '양지'(良知)의 '인의'(仁義)본심이 아닌 것이기 때문에 그 자체는 시비판단을 할 수 없어 언어와 행위에서 그 정당함을 확보할 수 없는 것이다.

맹자의 '부동심'(不動心)은 고자처럼 외재적인 형식 의미만 가지고 있는 마음의 '동요하지 않음'이 아니며 도덕의 실질 의미를 가지고 있는 '마음'으로서의 '부동심'(不動心)이다. 이러한 '마음'은 '도덕심'(Moral Mind)인 것이다. 만일 이러한 '도덕심'이 우리들의 의식을 지배하게 된다면 우리들이 보고 듣고 말하고 행동하는 모든 것들이 이치에 맞게 될 것이기 때문에 수양 공부는 필요하다는 것이다. 그렇다면 우리는 과연 어떻게 이와 같은 경지에 도달할 수 있는가?

> 의지라는 것은 기를 거느리며, 기는 몸에 가득 차 있는 것이니, 의지가 최고요, 기가 그 다음이다. 그러므로 말하기를 그

---

40) 『孟子』, 「公孫丑上」, "不得於言, 勿求於心; 不得於心, 勿求於氣"

의시틀 잘 간직하면서도 또 그 기를 난폭하게 하지 않는다고 한 것이다. 이미 의지가 최고요 기가 그 다음이라 하셨고, 또 그 의지를 잘 간직하면서도 그 기를 난폭하게 하지 않는다고 하신 것은 무슨 뜻입니까? 의지가 한결 같으면 기를 움직이고 기가 한결 같으면 의지를 움직이는 것이니, 지금 넘어지는 것이나 달리는 것은 기이지만 도리어 마음을 움직이는 것이다. 감히 묻겠습니다. 선생님께서는 장점이 있으십니까? 맹자가 말했다. 나는 말을 알며 나는 나의 호연지기를 잘 기른다. 감히 묻겠습니다. 무엇을 호연지기라고 합니까? 말하기 어렵다. 그 기의 양상은 지극히 크고 지극히 굳세니, 곧게 하는 것으로써 길러서 해침이 없으면 하늘과 땅 사이에 꽉 차게 된다. 그 기의 양상은 의와 도에 짝이 되는 것이니, 이것이 없으면 쭈그러든다. 이는 의가 축적되어 만들어내는 것이니 (하나의) 의가 엄습하여 취하는 것이 아니다, 행한 것이 마음에 만족스럽지 아니함이 있으면 쭈그러든다. 그래서 내가 고자는 애당초 의를 알지 못한다고 말한 것이니, 그 의를 바깥에 있는 것으로 여기기 때문이다. 반드시(호연지기를 기르는 것을) 일삼음이 있으면서 효과를 미리 기대하지 말고, 마음에 잊지도 말며, 조장하지도 말아서 송(宋)나라 사람처럼 하지 말아야 한다. 송나라 사람 가운데 벼의 싹이 자라지 못함을 안타깝게 여겨 뽑아놓은 사람이 있었다. 그는 아무것도 모르고 돌아와서 집안사람들에게 말하기를 오늘은 피곤하다 내가 벼의 싹이 자라도록 도왔다. 고 하자, 그 아들이 달려가서 보았더니 벼의 싹은 말라 있었다. 천하에는 벼의 싹이 자라도록 억지로 조장하지 않는 사람이 적으니, 유익함이 없다고 생각해서 내버려두는 사람은 비유하자면 벼의 싹을 김매지 않는 사람이고, 조장하는 사람은 벼의 싹을 뽑아놓는 사람이니, 이는 비단 유익함이 없을 뿐만 아니

라 도리어 해치는 것이다.[41]

위의 인용문은 맹자의 수양공부 방법론 가운데 가장 대표적으로 구체적인 체계를 갖고 있는 부분이다. 문장 가운데 세 가지 중요한 개념을 찾아볼 수 있는데 그것들은 바로 "의지를 잘 간직함"과 "곧게 기름" 그리고 "의를 축적함"이며, 이것들 사이를 꿰뚫고 있는 것이 지극히 크고 지극히 굳센 '호연지기'(浩然之氣)라는 것이다. 바꿔 말하면, 이렇게 지극히 크고 지극히 굳센 '호연지기'(浩然之氣)가 바로 "의지를 잘 간직함"과 "곧게 기름" 그리고 "의를 축적함" 등의 수양공부의 최종적인 귀결점이라는 것이다.

그렇다면 과연 무엇을 '호연지기'(浩然之氣)라고 하는 것인가? 또한 이러한 '호연지기'(浩然之氣)는 반드시 "의지를 잘 간직함"과 "곧게 기름" 그리고 "의를 축적함" 등의 과정을 거쳐야만 하는 것인가?

이러한 문제에 대하여 먼저 '호연지기'(浩然之氣)의 '기'(氣)

---

41) 『孟子』, 「公孫丑上」, "夫志, 氣之帥也; 氣, 體之充也. 夫志至焉, 氣次焉. 故曰: 持其志, 無暴其氣. 旣曰: 志至焉, 氣次焉, 又曰: 持其志無暴其氣者, 何也? 曰: 志壹則動氣, 氣壹則動志也. 今夫蹶者趨者, 是氣也, 而反動其心. 敢問夫子惡乎長? 曰: 我知言, 我善養吾浩然之氣. 敢問何謂浩然之氣? 曰: 難言也. 其爲氣也, 至大至剛, 以直養而無害, 則塞於天地之間. 其爲氣也, 配義與道; 無是, 餒也. 是集義所生者, 非義襲而取之也. 行有不慊於心, 則餒矣. 我故曰, 告子未嘗知義, 以其外之也. 心有事焉而勿正, 心勿忘, 勿助長也. 無若宋人然; 宋人有閔其苗之不長而揠之者, 芒芒然歸. 謂其人曰: 今日病矣, 予助苗長矣. 其子趨而往視之, 苗則槁矣. 天下之不助苗長者寡矣. 以爲無益而舍之者, 不耘苗者; 助之長者, 揠苗者也. 非徒無益, 而又害之."

자에 대한 고찰이 필요하다고 생각된다. 즉 이러한 고찰을 바탕으로 하여야만 맹자 역시 설명하기 어렵다고 한 '호연지기'(浩然之氣)에 대한 분석이 가능할 것이라는 생각이 들기 때문이다. 주군진(周群振)은 이러한 문제에 대하여 다음과 같이 말했다.

> 기에 대하여 만일 직접적으로 물리학적인 가스나 공기 등을 지칭하지 않고 본래 의미를 확대하여 사상관념이나 감각대상으로 파악한다면, 전체적인 의미를 갖추지 못할 것이다. 그것은 비록 하나의 종합적인 공통명칭이 된다고 하더라도 종합적인 실체라고는 말할 수 없는 것이다. 다시 말하면 기는 다원적인 것이며 낮은 단계의 것으로 그 자체는 "원소"조건을 구성하기에는 부족하며 각각의 원소로 이루어진 실제사물의 움직임에 의해서 보여지는 것이다. 예를 들어서 마음의 의지가 움직임에 의해서 의지의 기가 있게 되는 것이며, 생리적인 움직임에 의해서 사물의 기가 있게 되는 것이다. 또한 어떤 사회가 있으면 그러한 사회의 기풍이 있는 것이며, 어떤 학술이 있으면 그러한 학술의 기풍이 있는 것이다. 기라는 것은 단지 이러한 실제사물들의 움직임의 동향을 종합하여 건립한 공통명칭인 것이다. 이러한 공통명칭은 어떤 의미에서는 객관성을 갖고 있지만 결국은 추상적이기 때문에 하나의 기가 만물에 공통적으로 산재되어 있다고는 할 수 없는 것이기 때문에 그것은 전체적이며 독립적인 의미로는 언급되어질 수는 없는 것이다.[42]

위의 인용문의 내용을 근거로 했을 때, '기'(氣) 자체는 객

---

42) 周群振, 『儒學探源』, 臺北, 鵝湖出版社, 1986年, 222~223쪽 참조.

관적인 실제사물이 아닌 것으로 "그 자체는 '원소'조건을 구성하기에는 부족하며 각각의 원소로 이루어진 실제사물의 움직임에 의해서 보여지는 것이다." 그러므로 "마음의 의지가 움직임에 의해서 의지의 기가 있게 되는 것이며, 생리적인 움직임에 의해서 사물의 기가 있게 되는 것이다."라고 하는 것이다. 이러한 '기'(氣)의 '선'(善)이나 '불선'(不善)은 그 원소로 이루어진 실제사물에 의해서 결정되어지는 것이다.

맹자는 '기'(氣)가 만일 생리적 움직임에 의탁하게 된다면 그것은 도덕실천을 절대적으로 보장할 수 없게 된다고 생각했는데, 즉 인간의 자연적인 생명이 건강할 때도 있고 쇠약해질 때도 있다고 보았기 때문에 이와 같은 경우에서는 '부동심'(不動心)의 경지에 도달할 수 없다고 여긴 것이다. 그러므로 맹자는 반드시 초월적인 본심으로 이러한 '기'(氣)를 통괄해야 한다고 하여 "그 의지를 잘 간직하면서도 또 그 기를 난폭하게 하지 않는다"라고 한 것이다. 이러한 부분에 대하여 채인후(蔡仁厚)는 다음과 같이 말했다.

> 의지는 마음이 지향하는 바이며 마음이 주인이 되어 존재하는 곳이다. 의지는 곧 마음이며 마음은 기를 통제할 수 있으며 인도할 수 있는 것이다. 그러므로 의지가 기를 거느린다(주재한다)는 것이다.…… 의지가 기를 주재하기 때문에 기는 의지를 따라가야만 하는 것이다. 의지가 지향하는 바는 자연적인 본능이 반드시 그것을 따라가는 것으로 장수의 명령을 따르는 것과 같은 것이다.…… 그러나 자연적인 본능 자체는 평소 맹목적으로 행동하는 것이기 때문에 기가 통제력을 상실했을 때

자연적인 본능은 제멋대로 날뛸 것이기 때문에 의지를 잘 간직해야하는 수양이 필요한 것이다. 이러한 수양은 적극적으로는 "그 의지를 잘 간직하는 것"이며 소극적으로는 "그 기를 난폭하게 하지 않는다"는 것이다.[43]

'기'(氣)의 가치적 의미의 측면에 대하여 말하자면, '기'(氣) 그 자체는 중성적인 것이기 때문에 만일 지극히 크고 지극히 굳센 '호연지기'(浩然之氣)의 경지에 이르기 위해서는 일체의 외적 조건에 흔들리지 않는 부동의 마음의 경지를 유지해야 하는 것이다.

즉 "의지를 잘 간직하면서도 또 그 기를 난폭하게 하지 않음"이 필요하다는 것이다. 그렇다면 과연 어떻게 "의지"를 잘 간직하여야만 '기'(氣)가 난폭해지지 않을 수 있을까? 그것은 곧 "곧게 기름"과 "의를 축적함"이라는 수양을 통해서 가능한 것이다. "곧게 기름"이란 의미는 조기(趙岐)의 "의로써 기르면 사악한 일이 해를 끼치지 못할 것이다"[44]라는 말과 같은 맥락을 형성하고 있다고 볼 수 있다. 즉 '의'(義)는 곧 '직'(直: 곧음)이니, 본성을 따라서 '도'(道)를 닦는 것은 오직 '의'(義)만이 그것을 가능하게 하는 것이다. 이와 같이 "곧게 기름"이라는 수양과정의 실질적인 의미는 "의를 축적함"이라는 수양과정과 상통하고 있다. 바꿔 말하면, "의지를 간직함"과 "곧게 기름"이라는 수양과정의 귀결점은 바로 "의를 축적

43) 蔡仁厚, 『孔孟荀哲學』, 臺北, 學生書局, 1990年, 268쪽 참조.

44) 焦循, 『孟子正義』, 卷六, 『焦氏遺書』 影印本, 재인용.

함"에 있다는 것이다.

그렇다면 과연 어떻게 "의를 축적함"이라는 개념을 해석할 것인가? 라는 문제와 "의를 축적함"이라는 단어 가운데의 "축적함"이라는 말은 도대체 어떤 의미인가? 라는 문제가 제기될 수 있다. 이러한 문제에 대하여 먼저 "의를 축적함"이라는 단어 가운데 "축적함"이라는 글자의 사전적 의미를 살펴보면 말 그대로 축적한다는 의미를 갖고 있다. 그러나 이러한 해석은 너무 두루뭉실한 해석이라는 지적을 피할 수 없을 것이다. 그러므로 여기에서는 맹자의 이론체계 속에 담겨져 있는 의미 분석을 통해서 그 분명한 뜻을 해석해야만 할 필요가 있다고 생각된다.

맹자가 언급한 '의'(義)는 초월적 본심이 본래 가지고 있는 것으로, 그것은 절대적으로 내재되어 있는 것이다. 그래서 맹자는 "고자는 애당초 의를 알지 못했다는 것은 그 의를 바깥에 있는 것으로 여기기 때문이다."[45]라고 말한 것이다. 이와 같이 "의를 축적함"이라는 수양공부 역시 외부에서 녹아들어 오는 것이 아닌 내부에서 발로되는 것으로 이해되어야 한다는 것과 같은 맥락으로 "의를 축적함"에서의 "축적함"이라는 말 역시 외재적 의미로서의 축적이나 누적으로 판단해서는 안 된다는 것이다. 만일 그렇지 않으면 맹자의 '의'(義)가 내재한다는 이론은 내적 모순이 발생할 것이다. 그러므로 채인후(蔡仁厚)는 다음과 같이 말했다.

---

45) 『孟子』, 「公孫丑上」, "告子未嘗知義, 以其外之也"

의를 축적한다라고 하는 것은 마음속에 본래 구비되어 있는 의를 언제라도 표현할 수 있어 그것으로써 이치에 맞는 일을 행할 수 있다는 것이다. 그러므로 사람이 매일 생활 속에서 내재되어 있는 도덕성(인의예지의 성)에 따라서 한 걸음 나가면 의가 한번 축적되는 것이다. "의가 축적되어 만든다"는 말은 호연지기를 말하는 것으로 이것은 곧 "마음속에 본래 구비되어 있는 의가 언제라도 표현됨"의 가운데 있어서 자연스럽게 발생되어 나온다는 것이다.

① 종관하는 입장에서 말하면, 의를 축적한다는 것은 중단되어서는 안 되는 것이며 또한 우연히 한번에 되는 것도 아니다. 그래서 맹자는 "마음에 잊지도 말 것"이라고 말하고 또 "반드시 일삼음이 있다"라고 말한 것이다. 여기에서의 반드시 일삼음이 있다 라는 말속에서의 일삼음은 바로 "의를 축적함"을 의미하는 것이다.

② 내재적인 입장에서 말하면, 의를 축적한다는 것은 마음 속에 본래 구비되어 있는 의를 표현한다는 것으로 외부에서 삼투되어 온 것이 아니라는 것이다. 그래서 맹자는 "조장하지 말 것"이라고 말하는 것이다. 만일 조장한다면 곧 의는 삼투되어 얻어지게 되는 것이므로 의는 바깥에 있다고 하는 것이다.[46]

이상과 같이 "의를 축적함"에서의 "축적함"은 동태적이며 종관적(縱貫的)인 의미에서의 "축적함"이지 정태적이며 횡렬적인 의미에서의 "축적함"이 아니다. 이러한 의미로서의 "의를 축적함"에서의 "축적함"이라는 말은 바로 맹자의 '의'(義)가 내재한다는 이론과 같은 맥락으로 볼 때 비로소 적절한

46) 蔡仁厚, 『孔孟荀哲學』, 臺北, 學生書局, 1990年, 269~270쪽 참조.

해석을 도출해낼 수 있을 것이다.

2) 지언(知言)의 수양 방법

> 무엇을 지언(知言)이라 합니까? 비뚤어진 말에서 그 가리어진 바를 알며, 지나친 말에서 그 빠져있는 바를 알며, 사악한 말에서 그 이탈된 바를 알며, 회피하는 말에서 그 곤궁한 바를 아는 것이니, 그 마음에서 생겨나 그 정치에 해를 끼치며, 그 정치에 발로되어 그 일에 해를 끼친다. 성인(聖人)이 다시 일어난다 하더라도 반드시 내 말을 따를 것이다.[47]

"말은 마음의 소리이다" 즉 모든 언어는 우리들 마음 속이 생각하는 것들의 일종의 반영인 것이라고 할 수 있는 것이다. 만일 언어에 망언이 없다면 그것은 곧 우리들의 본심이 주체가 되어 생각하는 것들이 합리적일 수밖에 없다는 것을 표시하며, 반대로 언어가 사리에 맞지 않다면 우리들의 본심이 주체가 되지 못하여 여러 종류의 사상이나 관념에 매몰되어 생각 자체가 한쪽으로 치우쳐질 수밖에 없게 된다는 것이다. 이렇게 한쪽으로 치우쳐진 사상이나 관념에 매몰되면 반드시 정치나 일에 해악을 끼친다는 것이다. 그래서 맹자는 "그 마음에서 생겨나 그 정치에 해를 끼치며, 그 정치에 발로되어 그 일에 해를 끼친다"[48]고 말하는 것이다.

---

47) 『孟子』, 「公孫丑上」, "何謂知言? 曰: 詖辭知其所蔽, 淫辭知其所陷, 邪辭知其所離, 遁辭知其所窮. 生於其心, 害於其政, 發於其政, 害於其事. 聖人復起, 必從吾言矣."

48) 『孟子』, 「公孫丑上」, "生於其心, 害於其政, 發於其政, 害於其事."

맹자가 언급한 마음 속의 사상관념 가운데 "가리어짐" "빠짐" "이탈됨" "곤궁함"등의 폐해는 "비뚤어짐" "지나침" "사악함" "회피함"이라고 하는 언어의 병폐와 "가리어짐" "빠짐" "이탈됨" "곤궁함"이라고 하는 사상관념의 병폐로 구분되어질 수 있다. 언어의 병폐를 분석 관찰하여 언어 배후에 있는 사상관념의 병폐를 깨달아야만 하는데 과연 어떻게 그러한 깨달음을 터득할 수 있을까?

언어 자체는 일종의 기호 체계라고 할 수 있다. 그 속에 담겨져 있는 의미는 약속으로 이루어진 규정으로 그 자체에는 어떠한 병폐가 있거나 혹은 없거나하는 문제가 존재하지 않는다. 그러므로 언어의 병폐라는 것은 단지 언어를 사용하는 사용자에게 국한된 것이다. 만일 이러한 기호 체계의 내적 규칙이 제대로 지켜지지 않는다면 언어는 명확한 의미전달의 기능을 상실할 것이다. 이와 같이 볼 때 언어의 병폐는 언어를 사용하는 사용자의 기술적인 문제일 뿐이지 언어 자체에 문제가 있기 때문에 발생하는 것이 아니다. 그렇다면 맹자는 이러한 언어의 문제에 대하여 어떻게 언급했을까?

이러한 문제에 대하여 먼저 「知言」장의 성질에 대해서 명확한 분석이 필요하다. 맹자가 「知言」장에서 언급한 것은 언어학적인 문제가 아닌 도덕적 문제였다. 즉 「養氣知言」장에서 언급한 '양기'(養氣)는 도덕적 의미의 지극히 크고 지극히 굳센 '호연지기'(浩然之氣)를 의미하는 것이다. 그리고 이어서 언급한 '지언'(知言) 역시 도덕의 영역 내에서 언급되어진 것으로 언어의 영역 내에서 언급되어진 것이 아니다라는 것이다. 이와 같이 원문의 상하 맥락에서 볼 수 있듯이 '지언'(知言)의 '지'(知) 역시 인식론적인 의미로서의 '앎'이 아닌 도덕적 의미의 특수한 규정이라고 할 수 있는 것이다. 이점에 대하여 주군진(周群振)은 다음과 같이 말했다.

> 이러한 지자("지언"의 지)는 눈으로 보아서 인식한다는 의미로 풀이해서는 안 된다. 그 자체는 고차원적인 도덕이성의 표현으로 "양지"의 지와 같은 의미로 본체의 실질적인 의미를 갖고 있으면서 수양공부의 쓰임을 나타낸다. 양지는 스스로 시비판단을 할 수 있기 때문에 "비뚤어진 말에서 그 가리어진 바를 알며, 지나친 말에서 그 빠져있는 바를 알며, 사악한 말에서 그 이탈된 바를 알며, 회피하는 말에서 그 곤궁한 바를 아는 것이다"…… 이 가운데 네 개의 "지"자는 모두 맹자가 언급한 양지가 가지고 있는 감별을 의미하며, 네 개의 "기"자는 언어들로 인해서 유발되는 심리상태를 의미하는 것이다.[49)]

맹자는 고자의 "말에서 납득이 되지 아니하면 마음에서 구하지 말라"는 말이 불가하다고 했다. 즉 이것은 만일 우리들의 언어행위가 타당하지 않은 점이 있다면, 어떻게 초월적 본심이 배우거나 생각하지 않고도 시비판단을 할 수 있겠는가! 라는 의미이다.

다른 각도에서 본다면, '인의예지'(仁義禮智)의 '심성'(心性)은 실존하는 것이며 또한 이러한 시비판단을 할 수 있는 '양지'(良知)의 큰 쓰임이 드러남을 통하여 그 자체를 인식하게

---

49) 周群振, 『儒學探源』, 臺北, 鵝湖出版社, 1986年, 245쪽 참조.

되는 것이니 이것은 곧 쓰임으로 본체를 나타내는 것으로 '체'(體)와 '용'(用)이 둘이 아니라는 것이다. 만일 그렇지 않으면 어떻게 '인의예지'(仁義禮智) 등의 '덕'(德)들이 우리들의 '심성'(心性) 가운데 내재되어 있고 본래 구비되어 있는 것이라고 알 수 있겠는가! "말에서 납득이 되지 아니하면 마음에서 구하지 말라"는 말은 언어의 병폐를 말하는 것으로 그 폐해는 고자(告子)의 사상관념이 한쪽으로 매몰되어 있음을 충분히 반영한 것으로 볼 수 있는 것이다.

이와 같이 볼 때, '지언'(知言)의 '지'(知)는 실제로는 '성'(性)의 인식을 선결조건으로 해야한다. 만일 우리가 이러한 배우거나 생각을 하지 않고도 스스로 시비판단을 할 수 있는 능력인 '양지'(良知)가 '인성'(人性)에 본래 갖추어져 있다고 하는 사실에 대하여 수긍하지 않는다면, 과연 어떻게 객관적으로 다른 사람의 언어 병폐를 판단할 수 있겠는가! 이러한 점에 대하여 잠일성(岑溢成)은 다음과 같이 말했다.

> 맹자의 사상 가운데 "지언"은 바로 "삶의 모습들 속에서 도덕관념이 언어의 올바름과 틀림을 아는 것을 반영한 것이다" 그러므로 삶의 모습이 올바르고 그름을 판별한다는 것은 곧 도덕관념이 언어의 올바르고 그름을 판별하는 것이다. 그리고 삶의 모습에 대한 올바름과 그름을 판별하는 기준은 인간의 윤리행위 전체를 돌아봐야 하는 것이기 때문에 윤리행위를 할 수 있는 사람은 올바르고 그렇지 못하는 사람은 그름이 된다는 것이다. 그러나 오직 자신의 인성을 스스로 깨닫는 사람 즉 인성을 올바르게 인식하는 사람만이 윤리행위 전체를 돌아볼

> 수 있는 것이다. 그렇다면 삶의 모습에 대한 올바름과 그름 혹은 언어의 올바름과 그름을 인식한다는 것은 곧 이러한 삶의 모습 혹은 언어를 말하는 사람이 그자신의 인성을 자각했는지를 인식하는 것과 같은 맥락을 형성하고 있는 것이다. 바꿔 말하면, "지성(知性)"의 여부는 "지성"을 한 사람만이 올바른 삶의 모습을 자각할 수 있기 때문에 정확한 도덕판단을 할 수 있다는 것이다. 다른 한편으로는 마찬가지로 "지성"을 한 사람만이 타인이 "지성"을 하는지의 여부를 판별할 수 있다…… 이에 따르면, 곧 "지언"의 최종적인 기초는 바로 "지성"에 있는 것이며, "지언"이라는 것은 곧 "지성"을 한 사람이 타인의 도덕판단이나 도덕언어(즉 삶의 모습을 반영한)에 의해서 그러한 사람의 삶의 태도가 올바른지 그른지를 앎으로써 그러한 사람이 "지성"을 했는지의 여부를 아는 것이다.[50]

"맹자가 말하기를 내가 왜 변론하기를 좋아하겠는가? 나는 어쩔 수 없었기 때문이다"[51] 맹자가 변론하기를 좋아한다는 것이 어째서 부득이하기 때문이라고 했을까? "성왕이 나오지 않았기 때문에 제후들이 방자하게 날뛰며, 재야의 지식인들이 논의를 멋대로 하여 양주와 묵적의 말이 천하에 가득하다"[52] 이것은 곧 비뚤어진 학설과 포악한 행동이 일어나는 것을 의미하는 것이다.

---

50) 岑溢成, 「孟子知言初探」, 『鵝湖月刊』, 第四卷, 第四期, 臺北, 1978年, 40~41쪽 참조.

51) 『孟子』, 「滕文公下」, "孟子曰: 予豈好辯哉? 予不得已也"

52) 『孟子』, 「滕文公下」, "聖王不作, 諸侯放恣, 處士橫議, 楊朱墨翟之言盈天下"

민일 맹자가 '지언'(知言)을 제시하지 않았다면 우리들은 반드시 이러한 종류의 온 천하에 가득 찬 비뚤어진 학설에 쉽사리 오염되어 금수와 같은 상황으로 전락될 것이다. 그러므로 우리들은 수양과정 공부에 있어서 반드시 '지언'(知言)을 체득해야하만 한다는 것이다. 즉 이러한 '지언'(知言)을 체득하는 방법으로는, 소극적으로는 비뚤어진 학설과 이단에 현혹되지 말아야하는 것이고, 적극적으로는 '본심'(本心)을 회복하는 것이다.

"그 마음을 다하는 자는 그 성을 아니, 그 성을 알면 하늘을 알게 된다. 그 마음을 보존하여 그 성을 기르는 것은 하늘을 섬기는 근거가 된다. 요절하는 것과 장수하는 것을 다른 것으로 생각하지 않고 몸을 닦아서 천명을 기다리는 것은 천명을 확립하는 수단이 된다."[53] 이 가운데 '진심'(盡心)·'지성'(知性)·'지천'(知天)은 도덕실천이 가능한 선천적인 근거가 되고, '존심'(存心)·'양성'(養性)·'사천'(事天)은 도덕실천의 진정한 귀착점이 되고, '수신'(修身)·'입명'(立命)은 군자의 도덕수양이 드러남을 의미한다.

특히 그 가운데 '입명'(立命)의 '입'(立)은 "똑바로 서다"의 '입'(立)이며, '명'(命)은 가치의식에 의해서 드러난 실천적성질의 개념인 것으로 '의'(義)와 연결된 '명'(命)인 것이다. 이러한 것을 '가치생명'(價値生命)이라고 부를 수 있으며 이러한 '가치생명'(價値生命)과 '의리생명'(義理生命)은 이성적 지식이

53) 『孟子』, 「盡心上」, "盡其心者, 知其性也. 知其性, 則知天矣. 存其心, 養其性, 所以事天也. 夭壽不貳, 修身以俟之, 所以立命也."

나 사변적 추론에 의해서 정립되는 것이 아니라 실질적인 도덕실천의 수양과정을 통해서만이 달성될 수 있는 것이다. '양기'(養氣)나 '지언'(知言)은 바로 이런 종류의 진실한 수양공부이며, 우리들이 이러한 수양공부를 노력하여 실천해나갈 때 비로소 부귀나 빈천 그리고 무력이 우리들의 심지를 흩트릴 수 없게 되는 것이다.

제 5 장

도덕사상의 발전

중국철학에 있어서 도덕의 문제에 대하여 언급하자면 유가를 생각하지 않을 수 없다. 유가에서는 도덕을 제창하고 '예악'(禮樂)과 '인의'(仁義)의 교육을 중시하며 성현이 되기 위한 수양공부를 강조한다. 그 가운데 특히 맹자는 인성이 선하다는 주장을 가장 먼저 하였는데, 그는 인간이 선한 행위를 할 수 있다는 가능성을 긍정하는 한편 이러한 가능성은 보편적인 의미를 가지고 있다고 주장했다. 이러한 전제 아래서 인간이 도덕상황의 충돌에 직면했을 때 과연 어떻게 처리해 나가야 할 것 인지의 문제가 대두될 수 있다.

『孟子』 속에는 이러한 문제에 대하여 언급한 부분이 많이 발견된다. 그러므로 본 장에서는 맹자의 도덕충돌에 관한 문제와 도덕선택 방면의 문제부터 시작하여 그가 이러한 문제들에 대하여 어떠한 입장을 표명했는지를 분석하여 전국시대(戰國時代)라고 하는 고대에 생존했던 맹자의 주장이 급변하는 현대사회를 살아가고 있는 우리들에게 과연 어떠한 계시를 줄 수 있는지에 대하여 알아보고자 한다.

앞에서 언급한 바와 같이 맹자는 인간이 '성선'(性善)을 구비하고 있다는 것을 긍정하였으며 아울러 그러한 '성선'(性善)으로써 '양지'(良知)와 '양능'(良能)이 인간에게 본래 갖추어져 있기 때문에 인간에게는 도덕을 실천할 수 있는 가능성이 확보되어 있다고 하여 인간의 도덕심성을 긍정한다. 맹자는 바로 이러한 부분으로부터 그 자신의 도덕철학 이론을 전개시켜 나간다. 그러나 이와 같은 사실은 단지 인간의 도덕실천의 가능성만을 증명할 뿐이다. 그렇다면 이러한 '가능성'이 과연 어떻게 '현실'속으로 전환될 수 있는가의 문제가 바로 도덕철학의 핵심이라고 할 수 있다.

『孟子』 속에서 찾아볼 수 있듯이 맹자는 개인의 사적인 도덕수양에만 관심을 집중하지 않는데 그 주된 이유는 바로 도덕실천은 반드시 사람과 사람의 관계 가운데 이루어지는 것이기 때문에 개인과 사회와의 관계에도 많은 관심을 표명한다. 그러나 사람들의 다양성과 외재적 환경의 다양함으로 인해서 인간관계에서 발생하는 문제는 그 양상이 매우 다양하다고 할 수 있다. 그러므로 도덕실천의 과정 가운데 도덕상황의 충돌은 언제라도 발생할 수 있는 가능성을 내포하고 있는 것이다.

만일 사람이 진정으로 도덕실천의 가능성이 있다고 한다면 도덕상황의 충돌에 직면했을 때 과연 어떠한 태도로 그 직면한 상황을 타개해나갈 것이며 어떠한 선택으로써 도덕실천의 가능성을 실현해 나가야 하는 것일까? 이러한 도덕선택의 문제에 대하여 채신안(蔡信安)은 다음과 같이 말했다.

> 『孟子』를 놓고 말하면 양혜왕 편부터 언급한 "의와 이익"의 문제는 진심편에 이르기까지 인류역사의 발전에 대한 것으로 이것들 모두는 인류의 행위 및 그것들이 내포한 문제를 다룬 것이다. 그 주요한 논점은 인간이 마땅히 어떠한 행위를 선택해야만 하는가와 그 선택의 원인 혹은 이유에 대하여 설명한 것에 있다.[1]

본문에서 다룰 주요한 내용은 『孟子』 가운데 도덕선택에 관련된 문제의 분석을 통하여 맹자가 각종 도덕상황의 충돌에 직면했을 때 과연 어떻게 문제를 해결하였으며 또한 맹자가 도덕선택을 할 때 어떤 원칙과 규범을 가지고 있었는지에 대하여 규명해보도록 하겠다. 이를 위해서 본문을 다섯 부분으로 나누어 논의를 진행해 나가도록 하겠다.

먼저 도덕충돌과 도덕선택에 대한 개념 정리를 하고, 그 다음 부분에서는 도덕주체가 자신의 생명과 '예'(禮) · '의'(義) 사이에서 충돌이 발생할 때 취하게되는 선택에 대해서 논의를 진행하고, 그 다음 부분에서는 나와 타인 사이의 상대적 충돌에 대하여 논의를 진행하고, 그 다음 부분에서는 '대아'(大我)와 '소아'(小我) 사이의 충돌에 대하여 논의를 진행하고, 끝으로는 개인의 사사로운 '정'(情)과 공공의 규범 사이의 충돌에 대하여 논의를 진행하도록 하겠다.

---

1) 蔡信安, 『道德抉擇理論』, 臺北, 時英出版社, 1993年, 150쪽 참조.

1. 도덕충돌과 도덕선택

먼저 도덕충돌의 해석에 관한 문제부터 분석해보겠다.

'충돌'(Conflict)이란 "서로가 상반된 의도를 가지고 부딪칠 때 충돌이 발생한다."[2]는 것을 의미하며 '도덕충돌'이란 것은 도덕실천의 과정 가운데 발생하는 상황을 말하는 것이다.

> 도덕충돌: 윤리학의 기본 범주 가운데의 하나로 일반적인 의미에서의 도덕충돌이란 도덕이익의 상호대립·상호저촉과 상호배척을 의미한다…… 도덕충돌은 다음과 같이 몇 가지로 분류할 수 있다. ① 개인과 개인간의 도덕이익의 충돌, ② 개인과 사회 사이의 도덕이익의 충돌, ③ 사회와 사회 사이의 도덕충돌. 이러한 도덕충돌은 도덕을 조정하는 원인이 되며 도덕주체가 도덕선택을 진행하는 전제가 된다.[3]

장업청(張業淸)은 이 부분에서 '도덕이익'을 부각시키는데 이것은 도덕주체가 '도덕충돌'에 직면했을 때 발생되는 심리상태에 초점을 맞추고 있는 것이다. 여기에서 말하는 '도덕이익'이란 도덕적 '선'(善)과 '미'(美)를 의미하는 것이지 일반적인 언어로 사용하는 '공리'(功利)를 말하는 것이 아니다. 장업청(張業淸)은 다른 한편으로 도덕충돌 범위의 정의를 자신과 타인의 사이의 문제로 규정하는데 그 속에는 자신과 타인의

2) 項退結, 『西洋哲學辭典』, 臺北, 華香園出版社, 1989年, 129쪽 참조.
3) 張業淸, 羅國傑, 『中國倫理百科全書』, 長春, 吉林人民出版社, 1993年, 331~332쪽 참조.

충돌·자신과 사회와의 충돌 그리고 더 나아가서 사회와 사회 사이의 충돌까지 포함하고 있으며 동시에 도덕충돌은 도덕조정의 원인이라고 생각했다.

일반적으로 도덕철학과 윤리학을 별개의 학문으로 보는 경향이 있다. 문자의 의미론적 측면에서 언급하자면 도덕은 개인의 덕행 수양을 의미하는 것이고 윤리학은 개인과 타인 사이의 관계에 관련된 학문이다. 넓은 의미로 말하면 도덕철학은 윤리학의 한 고리인 셈이라고 할 수 있는 것이다. 그러나 도덕철학이든 윤리학이든 모두 인간을 떠나서는 존재할 수 없는 것인데 그것은 인간은 자연적인 의미의 인간이든 사회적 의미의 인간이든 사회의 한 구성원이기 때문에 다른 사람의 시야에는 '타인'으로 비춰지고 반드시 다른 사람과 접촉을 해야만 하기 때문이다.

그러므로 개인의 도덕수양으로부터 타인과의 접촉을 향해 나가는 과정의 맥락은 일관적인 것이기 때문에 이러한 실천은 다음과 같은 세 방향을 지향한다. 즉 도덕주체의 실천과 도덕주체와 타인의 윤리관계 그리고 도덕주체와 궁극적인 지향점 사이의 소통(사람과 하늘)인 것이다.

도덕주체의 실천에 관해서는 자신의 도덕함양에 중점을 두어야하는데 그 일례로 공자가 언급한 "안회는 그 마음이 3개월 동안 仁에서 떠나지 않는다."[4]와 맹자가 언급한 "마음을 수양하는데는 욕심을 적게 하는 것보다 좋은 것이 없다"[5] 그

4) 『論語』, 「雍也」, "回也, 其心三月不違仁"

5) 『孟子』, 「盡心上」, "養心莫善於寡欲"

리고 송명리학자(宋明理學者)들이 언급한 '천리'(天理)와 '人欲'[6] 및 유즙산(劉蕺山)이 언급한 '신독'(愼獨) 등이 모두 개인의 도덕수양의 문제가 된다.

또한 도덕 주체와 타인은 나와 다른 사람 사이의 관계를 의미하는 것인데 여기에서의 타인은 별도의 도덕주체 혹은 사회 심지어는 국가까지도 포함하기 때문에 이러한 범주가 내포하는 범위는 상당히 넓다고 할 수 있는 것이다. 이러한 분야의 문제는 유가에서 말하는 '인륜'(人倫)이나 실패와 성공 사이의 취사선택 그리고 '내성'(內聖)에서 '외왕'(外王)에 이르기까지 등등은 바로 어떻게 자신의 덕목을 확대시켜 타인에게 이르게 하는 것 사이의 소통의 문제가 되는 것이다.[7] 그리고 도덕주체의 최종적인 관심소재는 초월적인 의미를 갖추고 있다. '초월적인 의미'는 도덕주체가 달성하려고 하는 도덕이상으로 자아를 초월하는 경지인 것이다. 이러한 부분에 관련

---

6) "인심이 알지 못하는 것이 아니고 다만 인욕에 가려져 천리를 망각하는 것이다." 程顥, 程頤 撰, 「河南程氏遺書」, 卷第十一, 『二程集』, 北京, 中華書局, 1981年, 123쪽 참조.

7) 사람과 사람 사이의 관계는 혈연관계가 성립하느냐 그렇지 않느냐로 구분할 수 있다. 혈연관계에는 가족 종족의 조직이 있으며, 비혈연관계에는 이웃, 사회, 국가 그리고 전체 인류의 조직이 있다. 혈연관계의 조직 내에서는 장유존비(長幼尊卑)로 친소를 정하고, 비혈연관계의 조직에서는 원근 상하의 종류별로 순서를 정하여 친소의 종류별 순서로 사람과 사람 사이의 관계기초를 나눈다. 매사의 관계가 일회성으로 논의될 수 있고, 매번 논의되는 행위규범 혹은 도덕규율은 일회성으로 논의되는 윤리이다.
林安弘, 『儒家禮樂之道德思想』, 臺北, 文津出版社, 1988年, 218~219쪽 참조.

된 문제가 바로 유가에서 말하는 '천인합덕'(天人合德)으로 개인의 도덕에서 출발하여 실현하고자 하는 도덕의 경지를 가리키는 것이다.

필자는 도덕충돌의 발생을 장업청(張業淸)이 언급한 사람과 사람, 사람과 사회 그리고 사회와 사회 사이에만 한정짓지 않고 어떠한 도덕적 '선'(善)의 불협화음이나 모순들까지도 모두 도덕충돌의 범주 안에 넣겠다. 도덕충돌은 도덕주체가 도덕선택을 하는 과정의 전제조건이 된다. 만일 도덕충돌이 발생하지 않는다면 역시 도덕선택의 문제는 발생하지 않을 것이다. 그러므로 도덕충돌은 우리들 도덕지식의 부족한 점을 보충시켜 도덕적 '선'(善)을 달성시켜주는 가교의 역할을 한다고 할 수 있을 것이다.

다음은 도덕선택의 해석에 관련된 문제를 분석해 보겠다.

위에서 언급한 바와 같이 도덕충돌에 대한 정의는 도덕충돌에 직면했을 때 적절한 지식을 제공 해준다. 만일 도덕실천을 완성하고자 한다면 도덕선택이 필요한데 이러한 도덕선택이란 다음과 같다.

> 도덕활동의 내용 가운데의 하나…… 이것은 도덕주체가 도덕이익의 충돌에 직면했을 때 일정한 도덕표준에 의해서 도덕이익의 충돌에 대하여 할 수 있는 행위의 선택을 의미한다.[8]

---

8) 張業淸, 羅國傑, 『中國倫理百科全書』, 長春, 吉林人民出版社, 1993年, 323쪽 참조.

위의 인용문을 근거로 했을 때 도덕선택이란 도덕주체가 도덕실천을 하는 과정 가운데 충돌의 상황에 직면했을 때 도덕행위의 완성을 위하여 즉시 내려야하는 결정을 의미한다고 할 수 있을 것이다. 이러한 결정은 흔히 A를 선택했을 때 B에 피해를 주는 위험이 내포되어 있을 것이므로 도덕선택은 반드시 도덕주체가 자신의 도덕지식을 응용하여 도덕판단을 내리고 행동해야만 그 목적이 보다 높은 도덕적 선의 경지에 도달하는데 부합될 것이다.

도덕상황의 충돌은 두 가지의 충돌현상 내지는 여러 방면의 충돌현상을 포함할 수 있을 것이다. 이러한 충돌들은 여러 가지 도덕적 선과 도덕적 악 사이의 모순이 되며, 또한 이러한 도덕적 선 혹은 악은 서로 저촉되어 도출시키는 결과는 완전히 서로 상반될 것이나, 또 한편으로는 반드시 선택과 행동을 해야만 하는 모순이 수반된다. 채신안(蔡信安)은 이러한 문제에 대하여 다음과 같이 말하고 있다.

> 경험적인 측면에서 말하면 도덕행위를 선택할 때 곳곳에서 곤란한 상황을 직면하게 되는데, 어떤 때에는 동일한 상황 속에서 우리들은 동시에 두 가지 혹은 그 이상의 규칙을 반드시 따라야만 하는 경우가 발생한다. 그러나 우리들의 실존적 조건은 그러한 요구를 동시에 충족시킬 수는 없다. 만일 하나의 규칙을 실천한다면 다른 하나의 규칙을 부정할 가능성을 내포하기 때문에 이 둘 사이에는 공존의 가능성이 없게되는 것이다.[9)]

---

9) 蔡信安,『道德抉擇理論』, 臺北, 時英出版社, 1993年, 14쪽 참조.

우리들은 일상생활 속에서 항상 도덕선택의 상황에 직면할 수 있을 것인데 이러한 상황은 특수한 경우의 도덕충돌의 경우에만 국한되는 것이 아니라 언제라도 일어날 수 있는 상황인 것이다. 도덕상황의 충돌과 선택을 통하여 개인이 가지고 있는 도덕관과 도덕규범을 수정해야할 필요성을 검증할 수 있는 것이기 때문에 우리들은 끊임없는 도덕충돌과 도덕선택의 과정 가운데 도덕의 진정한 의미를 파악할 수 있는 것이다.

『孟子』 가운데 도덕충돌과 도덕선택에 관련된 개별적인 사안의 분석으로부터 우리들이 맹자가 개별상황의 충돌에 직면하였을 때 채택한 태도와 해결방법을 이해하는데 일조 하고자 한다. 그러나 기본적으로는 이러한 도덕선택의 개별적인 사안들은 두 가지 이상의 충돌을 포함하고 있기 때문에 명확한 한계를 정하기는 어려운 실정이다. 그러므로 이러한 문제들에 대하여 다음과 같이 대략 네 가지 부분으로 나누어 분석해보고자 한다. ① 도덕주체로서의 나 자신의 삶(자연생명)과 의(義: 도덕가치) 사이의 선택문제 ② 도덕주체와 도덕주체 간의 윤리충돌 ③ 소아(小我)와 대아(大我) 사이의 선택문제 ④ 가정윤리와 사회정의 사이의 선택문제.

2. 도덕주체의 선택

도덕주체의 선택 부분에 관해서는 주로 인간의 삶(자연생명)과 의(義:도덕가치) 사이의 충돌에 관하여 논의를 진행하도록 하겠다. 다시 말하면 이것은 곧 도덕주체가 도덕이상의 경지에 직면했을 때 자아를 초월하는 것과 취사선택의 문제는 특수한 영역에 속하는 도덕충돌이라는 것이다. 이러한 개별적인 사안들을 바탕으로 우리는 맹자가 인간의 기본적인 욕구인 삶과 도덕가치 사이의 충돌에 직면했을 때 어떠한 선택을 했는지에 대하여 보다 심도 있는 이해를 할 수 있을 것이다. 이러한 문제에 관하여 다음과 같이 삶과 '예'(禮) 그리고 삶과 '의'(義)의 사이의 취사선택의 두 부분으로 나누어 논의해보도록 하겠다.

먼저 삶과 '예'(禮) 사이의 취사선택 문제에 관하여 분석을 해보겠다.

> 임(任)나라 사람이 옥려자(屋廬子)에게 예(禮)를 지키는 것과 먹는 것 가운데 어느 것이 더 중요한가라고 물었다. 옥려자가 예(禮)를 지키는 것이 더 중요하다고 대답했다. 여색을 추구하는 것과 예를 지키는 것 가운데 어느 것이 더 중요한가? 예(禮)를 지키는 것이 더 중요하다. 예를 지키는 것으로써 먹으면 굶어서 죽고, 예를 지키지 않는 것으로써 먹으면 밥을 얻을 수 있더라도 반드시 예를 지켜야하는 것인가? 신부를 맞아오는 의식대로 하면 아내를 얻지 못하고, 신부를 맞아오는 의식을 하지 않으면 아내를 얻을 수 있더라도 반드시 신부를 맞아오는 의식을 해야 하는 것인가? 옥려자가 대답하지 못하고는 다음날 추(鄒)나라에 가서 맹자에게 아뢰자, 맹자가 말했다. 이것을 대답하는데 무슨 어려움이 있겠는가? 그 근본을 헤아리지 않고 그 끝만을 가지런히 한다면 사방 한 치 되는 나무를 잠루(岑樓: 산처럼 높은 누각)보다 높게 할 수 있다. 쇠가 깃털보다 무겁다는 것은 어찌 한 갈고리의 쇠와 한 수레의 깃털을 말하는

것이겠는가? 먹는 것 가운데의 중요한 것과 예를 지키는 것 가운데서 가벼운 것을 취하여 비교한다면, 어찌 먹는 것이 중요할 뿐만 이겠으며, 여색을 추구하는 것 가운데서 중요한 것과 예를 지키는 것 가운데서 가벼운 것을 취하여 비교한다면, 어찌 여색을 추구하는 것이 중요할 뿐 만이겠는가! 가서 그 질문에 이렇게 대답하라. '형의 팔을 비틀어 그에게서 먹을 것을 빼앗으면 밥을 먹을 수 있고, 비틀지 않으면 밥을 먹을 수 없는 경우에도 비틀 것인가? 동쪽 집 담을 넘어가서 그 집의 처녀를 끌어오면 아내를 얻고, 끌어오지 않으면 아내를 얻지 못할 경우에도 끌어올 것인가?'라고.[10]

'예'(禮)라는 것은 도덕가치의 범주에 속하는 것이며, 먹는다는 것은 인간의 생존에 필요한 기본적인 욕구이고, 색을 추구한다는 것은 부부관계의 완성이다. 이것들 가운데 먹는 다는 것과 '색'(色)은 인간의 생명 유지와 지속에 대하여 언급한 것으로, 만일 '예'(禮)가 '식색'(食色)에 대하여 어느 것 한 가지와 충돌을 일으킨다면 어떻게 선택을 해야 할 것인가? 그 가운데 과연 가치등급의 차이가 존재하는 것인가?

옥려자(屋廬子)는 '예'(禮)를 지키는 것이 먹는 것과 색을

10) 『孟子』, 「告子下」, "任人有問屋廬子曰: 禮與食孰重? 曰: 禮重. 色與禮孰重? 曰: 禮重. 曰: 以禮食, 則飢而死; 不以禮食, 則得食, 必以禮乎? 親迎, 則不得妻; 不親迎, 則得妻, 必親迎乎? 屋廬子不能對, 明日之鄒以告孟子. 孟子曰: 於答是也何有? 不揣其本而齊其末, 方寸之木可高於岑樓. 金重於羽者, 豈謂一鉤金與一輿羽之謂哉? 取食之重者, 與禮之輕者而比之, 奚翅色重? 往應之曰: 紾兄之臂而奪之食, 則得食; 不紾, 則不得食, 則將紾之乎? 踰東家牆而摟其處子, 則得妻; 不摟, 則不得妻, 則將摟之乎?"

추구하는 것보다 더 높은 가치라고 생각했다. 그래서 그는 '예'(禮)를 지키는 것이 더욱 중요한 것이라고 생각하였기 때문에 임(任)나라 사람이 만일 '예'를 지키는 것으로써 먹으면 밥을 얻지 못하여 죽게되고 신부를 맞아오는 의식을 거행하면 아내를 얻을 수 없다면 '예'(禮)를 지키는 것과 먹는 것과 '색'(色)을 추구하는 것 가운데 어떤 것을 선택할 것인가라는 반문에 직면하게 되는 것이다. 즉 '예'(禮)를 지키기 위해서 먹는 것과 '색'(色)을 포기할 수 있다는 것인가?

이러한 상황에 대한 맹자의 대처는 옥려자((屋廬子)에 비하여 좀더 세련되었다고 할 수 있다. 즉 맹자는 '예'(禮)와 '식색'(食色) 사이에서 꼭 '예'(禮)만이 더 중요하다고 하는 가치 우위를 두지 않고, 그것들 사이의 취사선택은 반드시 절실한 상황의 기초 위에서 고려 될 때에만이 '예'(禮)나 '식색'(食色)을 선택할 수 있는 지혜를 얻을 수 있다고 생각했다.

일반적인 상황 아래서는 당연히 '예'(禮)에 부합되는 것을 선택해야만 하지만, 만일 삶과 죽음의 문제가 고려되는 특수한 경우의 충돌 발생할 때는 근본을 유지하고 말단을 버려야 한다는 것이다.

'예'(禮)와 '식'(食)의 부분에 관하여 언급하면 다음과 같다. 즉 '예'(禮)를 지키는 것으로써 먹으면 굶어 죽게되는 상황 아래서 맹자는 "예(禮)를 지키는 것으로써 먹는다"에서 예(禮)는 우선순위 두 번째가 되고, 또 "굶어 죽는다"에서 먹는 것은 우선순위 첫 번째가 된다고 생각하여 "먹는 것이 중요하고 예(禮)를 지키는 것은 그 다음이다"의 상황 아래서 상황에 맞는 '예'(禮)를 선택해야 한다고 했다. 즉 이러한 상황 속에서는 가장 중요한 것이 먹어서 생명을 유지시키는 것이라고 생각한 것이다. 그러나 만일 먹는 것이 '의'(義)에 위배된 것이라고 한다면 맹자는 단호히 반대한다. 그래서 맹자는 "형의 팔을 비틀어 그에게서 먹을 것을 빼앗으면 밥을 먹을 수 있고, 비틀지 않으면 밥을 먹을 수 없는 경우에도 비틀 것인가?"라고 한 것이다.

'예'(禮)와 '색'(色)의 부분도 이와 같다. 맹자에 있어서 신부를 맞아오는 행위는 작은 '예'(禮)일 뿐이며 아내를 얻는 것은 큰 일로 부부사이에 있어서 인륜의 대사일 뿐만 아니라 효도의 완성이었다. 그래서 신부를 맞아오는 것과 아내를 얻는 것 사이에는 '여색을 추구하는 것 가운데서 중요한 것과 예를 지키는 것 가운데서 가벼운 것을 취하여 비교한다면, 어찌 여색을 추구하는 것이 중요할 뿐 만이겠는가!'라는 관계가 존재한다는 것이다. 그러나 맹자는 "만일 동쪽 집 담을 넘어가서 그 집의 처녀를 끌어오면 아내를 얻고, 끌어오지 않으면 아내를 얻지 못한다"는 상황 아래서 아내를 얻는 것에 대해서는 반대한다.

이러한 개별적인 사안으로부터 맹자는 결코 '식색'(食色)을 추구하는 것에 대하여 반대하지 않았음을 알 수 있다. 그러나 '식색'(食色)에 대한 기본적인 욕구 이외에 맹자는 '식색'(食色)을 추구하는 과정가운데 그것이 '의'(義)에 부합하는지의 문제를 더욱 강조한다. 즉 만일 의롭지 못하게 먹을 것과 아내를 얻게 된다면 마땅히 '식색'(食色)을 취하지 말고 그것들을 버리는 한이 있더라도 '의'(義)를 취해야만 한다는 맹자의 입장은 증명할 필요도 없는 자명한 사실이다.

다음은 삶과 '의'(義) 사이의 취사선택 문제에 관하여 분석을 해보겠다.

> 생선도 내가 원하는 것이고 곰 발바닥도 내가 원하는 것이지만, 이 두 가지를 동시에 얻을 수 없다면 생선을 버리고 곰 발바닥을 취하겠다. 삶도 내가 원하는 것이고 의로움도 내가 원하는 것이지만, 이 두 가지를 동시에 얻을 수 없다면 삶을 버리고 의로움을 취하겠다. 삶도 내가 원하는 것이지만, 원하는 것이 삶 보다 더한 것이 있다. 그러므로 삶을 구차히 얻으려고 하지 않는 것이며, 죽음도 내가 싫어하는 것이지만, 싫어하는 것이 죽음보다 더한 것이 있다. 그러므로 환난이라도 피하지 않는 것이 있는 것이다. 만일 사람들이 원하는 것이 삶보다 더한 것이 없다면 삶을 얻을 수 있는 경우에 있어서 무슨 방법인들 쓰지 않겠으며, 만일 사람들이 싫어하는 것이 죽음보다 더한 것이 없다면 환난을 피할 수 있는 경우에 있어서 무슨 짓인들 하지 않겠는가? 이 때문에 살 수 있다 하더라도 쓰지 아니하는 것이 있으며, 이 때문에 환난을 피할 수 있어도 하지 아니하는 것이 있는 것이다. 그러므로 원하는 것이 사는 것 보다 더한 것이 있으며, 싫어하는 것이 죽는 것 보다 더한 것이 있다. 오직 현명한 사람만이 이러한 마음을 가지고 있는 것이 아니라 사람들이 모두 가지고 있지만, 현명한 사람은 잃어버리지 않을 수 있는 것이다. 한 그릇의 밥과 한 사발의 국을 얻으면 살고 얻지 못하면 죽더라도 꾸짖으며 주면 길가는 사람도 받지 않으며, 발로 차서 주면 걸인도 좋게 여기지 않는

> 다. 만종의 녹은 예의를 따지지 않고 받는데, 만종의 녹이 나에게 무슨 보탬이 되겠는가? …… 이것을 일러 그 본심을 잃었다고 하는 것이다.[11]

위의 인용문은 삶과 '의'(義) 사이의 경중에 대한 취사선택에 관한 것으로 궁극적인 가치선택의 문제와 연결되는 것이다.

맹자는 인간이 삶을 추구하는 것과 '의'(義)를 추구하는 것에 대하여 모두 동일한 욕구가 있는데 전자는 생명유지이고 후자는 도덕가치의 추구라고 생각하여 "삶도 내가 원하는 것이고 의로움도 내가 원하는 것이다"라고 말한 것이다. 또한 맹자는 인간이 좋은 음식에 대한 취사선택의 비유를 통하여 인간이 삶과 '의'(義)에 대해서도 동일한 취사선택을 한다고 보았다.

맹자는 인간의 "의로움을 추구하는 마음"이 "삶을 추구하는 마음" 보다 더 고차원적인 것으로 보았다. 즉 인간이 삶에 대하여 구차하게 얻으려하지 않고 또 죽음에 대해서도 피하려하지 않는 다는 언급을 통하여 인간들이 삶과 죽음 이외에

---

11) 『孟子』, 「告子上」, "魚, 我所欲也; 熊掌, 亦我所欲也, 二者不可得兼, 舍魚而取熊掌者也. 生, 亦我所欲也; 義, 亦我所欲也, 二者不可得兼, 舍生而取義者也. 生亦我所欲, 所欲有甚於生者, 故不爲苟得也, 死亦我所惡, 所惡有甚於死者, 故患有所不辟也. 如使人之所欲莫甚於生, 則凡可以得生者, 何不用也? 使人之所惡莫甚於死者, 則凡可以辟患者, 何不爲也? 由是則生而有不用也, 由是則可以辟患而有不爲也. 是故所欲有甚於生者, 所惡有甚於死者, 非獨賢者有是心也, 人皆有之, 賢者能勿喪耳. 一簞食, 一豆羹, 得之則生, 不得則死, 嘑爾而與之, 行道之人弗受; 蹴爾而與之, 乞人不屑也. 萬鍾則不辨禮義而受之. 萬鍾於我何加焉?…… 此之謂失其本心."

더욱 강렬하게 추구하려는 가치가 있는 것으로 보았다. 만일 그렇지 않다면 "삶을 얻을 수 있는 경우에 있어서 무슨 방법인들 쓰지 않겠으며" 또 "환난을 피할 수 있는 경우에 있어서 무슨 짓인들 하지 않겠는가?"라는 상황이 발생한다는 것이다.

그러므로 인간이 더욱 강렬하게 추구하려는 가치를 "원하는 것이 사는 것 보다 더한 것이 있으며, 싫어하는 것이 죽는 것 보다 더한 것이 있다. 오직 현명한 사람만이 이러한 마음을 가지고 있는 것이 아니라 사람들이 모두 가지고 있지만, 현명한 사람은 잃어버리지 않을 수 있는 것이다."로 증명하는 것이다.

맹자는 "한 그릇의 밥과 한 사발의 국을 얻으면 살고 얻지 못하면 죽더라도 꾸짖으며 주면 길가는 사람도 받지 않으며, 발로 차서 주면 걸인도 좋게 여기지 않는다."라는 예로써 인간이 삶과 죽음의 관건시점에서 취해야할 것과 취하지 말아야할 것을 증명하는데, 즉 위급한 상황아래서 인간은 자신의 존엄성을 모욕당하면서까지 구차하게 삶을 영위하지 않는다는 것을 통하여 인간에게 있어서 도덕가치의 추구가 기타의 모든 것들 보다 우위에 있음을 증명한다. 그러므로 삶을 추구하는 것과 의로움을 추구하는 것을 동시에 병행할 수 없을 때 맹자의 선택은 "삶을 버리고 의를 취한다"는 것이다.

이상과 같은 두 가지의 예를 통해서 볼 때, 맹자는 인간이 "삶을 추구하고 죽음을 회피하려는 욕구"보다 더욱 가치 있는 선택은 '의'(義)라고 생각했음을 알 수 있으며 또한 그에게 있어서 '의'(義)의 가치는 '생명'의 가치보다 더욱 높다는 것을 알 수 있다. 즉 도덕생명의 가치가 자연생명의 가치보다 우위에 있다는 것이다.

3. 도덕주체와 도덕주체 사이의 윤리적 충돌

앞에서 언급한 문제들은 도덕주체가 최종적인 상황 속에서 해야하는 선택에 관한 것이었다. 본 단락에서 언급할 문제는 도덕주체로서의 나와 다른 도덕주체로서의 타인과의 사이에서 발생하는 충돌에 관한 문제인데 다음과 같다. 즉 효도의 의지와 실천에 관한 선택문제, 개인의 덕행과 타인의 생명 사이에서의 선택문제, 신분(직분)과 그에 수반되는 책임에 관련된 선택문제 그리고 군신간의 의리와 정치윤리의 충돌에 관련된 선택문제에 대하여 분석해보겠다.

1) 효도의 의지와 실천의 충돌에 관한 문제

도응(桃應)이 물었다. 순(舜)임금이 천자(天子)가 되고 고요(皐陶)가 사(士: 법을 집행하는 집행관)가 되었을 경우, 고수(瞽瞍)가 사람을 죽였다면 어떻게 되겠습니까? 맹자가 법을 집행할 뿐이다라고 말했다. 그렇다면 순임금은 법의 집행을 막지 않았을까요? 순임금이 어떻게 법의 집행을 막을 수 있겠는가? 고요는 살인자를 체포해야할 임무를 받은 바가 있는 것이다. 그렇다면 순임금은 어떻게 하겠습니까? 순임금은 천하를 버리기를 마치 헌신짝 버리는 것처럼 보고 몰래 업고 도망하여 바

> 닷가를 따라 살면서 평생을 흔쾌히 즐거워하면서 천하를 잊으셨을 것이다.[12]

위의 인용문에 나오는 상황은 효도와 사회적 규범 및 효도와 개인 직무 사이의 충돌을 포함하고 있다. 전자는 가정윤리와 사회윤리 사이의 충돌에 속하고, 후자는 가정윤리와 개인의 성취 사이의 선택문제에 속한다고 할 수 있다. 이러한 충돌 상황은 순(舜)이 법을 집행하는 위치와 자식이라는 이중적인 신분을 가졌기 때문에 발생하는 것이다.

순(舜)을 천자(天子)의 신분이라는 입장에서 본다면, 그는 살인을 한사람이 자신의 아버지라고 하더라도 반드시 사회정의를 구현하기 위하여 살인자를 처벌해야만 한다. 그렇지 않으면 국법을 위반하게 되는 것이며 그에 따라 사회정의 역시 유지될 수 없게 되는 것이다.

그러나 순(舜)을 살인자의 자식이라는 입장에서 본다면, 그는 부자간의 정을 끊기가 매우 어려웠기 때문에 "천하를 버리기를 마치 헌신짝 버리는 것처럼 보고 몰래 업고 도망하여 바닷가를 따라 살면서 평생을 흔쾌히 즐거워하면서 천하를 잊으셨을 것이다."라는 입장을 취한 것이다.

맹자는 순임금이 고요(皐陶)가 법을 집행하는 것을 막지 못할 것이고 다만 고요(皐陶)가 "살인자를 체포할 임무를 받

---

12) 『孟子』, 「盡心上」, "桃應問曰: 舜爲天子, 皐陶爲士, 瞽瞍殺人, 則如之何? 孟子曰: 執之而已矣. 然則舜不禁與? 曰: 夫舜惡得而禁之? 夫有所受之也. 然則舜如之何? 曰: 舜視棄天下, 猶棄敝蹝也. 竊負而逃, 遵海濱而處, 終身訢然, 樂而忘天下."

은 바가 있는 것이다"라고 생각했다. 이렇게 볼 때 맹자는 사회정의의 필요성을 부정하지는 않았지만, 그는 자식이 '준법을 위해 부모를 고발하는' 행위에 대해서는 결코 찬성하지 않았다. 그러므로 맹자는 부득이한 상황아래서 순임금의 선택은 천하를 버리고(개인의 직무) 법을 집행하는 신분에서 벗어난다(사회정의), 그리고 살인범이 된 아버지를 업고 도망간다(효도의 완성)는 것이었을 거라고 생각한 것이다. 맹자의 이러한 "아버지를 업고 도망간다"는 발상과 『論語』 가운데의 "아버지가 양을 훔친 사건"의 예와 동공이곡(同工異曲)의 묘가 있다.

> 섭공이 공자에게 말했다. 우리 마을에 몸가짐이 정직한 사람이 있는데, 그의 아버지가 양을 훔치자 자식이면서도 그것을 증언했습니다. 공자가 말했다. 우리 마을의 정직한 사람은 그와 다릅니다. 아버지는 자식을 위해 그런 일을 숨기고, 자식은 아버지를 위해 그런 일을 숨기지만, 정직함이 그 가운데 있습니다.[13]

아버지가 양을 훔쳤을 때 자식이 나서서 증언을 해야하는지의 여부에 대하여 공자는 자식이 아버지를 위하여 죄를 숨겨줘야만 하는 것이 정직함이라고 생각했다. 이 부분에 대한 주자의 주석을 살펴보면 다음과 같다. 즉 "아버지와 자식이 서로 숨겨주는 것은 천리(天理) 인정의 지극함이다. 그러므로

---

13) 『論語』, 「子路」, "葉公語孔子曰: 吾黨有直躬者, 其父攘羊, 而子證之. 孔子曰: 吾黨之直者異於是. 父爲子隱, 子爲父隱, 直在其中矣."

고지식하게 정직함 추구하지 않는 가운데 정직함이 있다. 사(謝)씨가 말하기를 …… 고수(瞽瞍)가 살인을 하고 순이 몰래 업고 도망하여 바닷가를 따라 거처한 것은, 그러한 경우에 직면했을 때 아버지를 사랑하는 마음이 정직함과 부정직함을 따지는 것 보다 더 큰 것인데 어찌 계산할 틈이 있겠는가?"

공자의 "군주는 군주다워야 하고, 신하는 신하다워야 하고, 아버지는 아버지다워야 하고, 자식은 자식다워야 한다"는 윤리관으로 볼 때 그 가 언급한 "아버지는 자식을 위해 숨겨주고, 자식은 아버지를 위해 숨겨준다"는 말은 주자가 언급한 "아버지와 자식의 관계는 천리 인정의 지극함이다"라는 명제를 이미 초월했다고 할 수 있는 것이다. 이러한 문제에 관하여 노사광(勞思光)은 다음과 같이 말한다.

> 우리가 만약 이러한 대화를 표면적으로만 본다면, 공자가 사적인 것을 제창했다고 생각하여 그의 의도를 오해하기 쉬울 것이다. 그러나 좀더 심층적으로 살펴보면 여기에 담겨져 있는 속뜻은 공자의 가치판단 일반원칙에 대한 특수한 긍정인 것이다. 이러한 긍정은 간단하게 말해서 구체적 합리적 직분에서의 가치의 완성인 것이다.[14)]

공자가 주장한 '정명'(正名)사상은 사람들이 지위에 맞게 그 본분을 지켜야한다는 것을 의미한다. 즉 양을 훔친 사람의 자식은 자식된 도리를 해야만 하기 때문에 나서서 증언을 해

---

14) 勞思光, 『新編中國哲學史』, 第一冊, 臺北, 三民書局, 1986年, 128쪽 참조.

서는 안되고 오히려 아버지의 죄를 감추어 줘야한다는 것이다. 이 때의 감춰주는 행위가 바로 정직함이라는 것이다.

공도자(公都子)가 말하였다. 광장(匡章)을 온 나라 사람들이 모두 불효자라고 칭하는데 선생님께서 그와 더불어 교유하시고 또 게다가 예우하시니 감히 어째서 그런지 묻겠습니다. 맹자가 말했다. 세속에서 이른바 불효라는 것이 다섯 가지인데, 사지를 게을리 하여 부모의 봉양을 돌보지 않는 것이 첫 번째 불효이고, 장기와 바둑을 두며 술 마시기를 좋아하여 부모의 봉양을 돌보지 않는 것이 두 번째 불효이고, 재물을 좋아하며 처자식만을 사랑하여 부모의 봉양을 돌보지 않는 것이 세 번째 불효이고, 귀와 눈의 욕구를 따름으로써 부모를 욕되게 하는 것이 네 번째 불효이고, 만용을 좋아하여 잘 다투며 사나워서 부모를 위태롭게 하는 것이 다섯 번째 불효인데 장자(章子)가 이 가운데 하나라도 있는가? 장자는 부자지간에 착하게 되기를 요구하다가 서로 뜻 맞지 아니한 것이다. 착하게 되기를 요구하는 것은 친구간의 도리이니 부자지간에 착하게 되기를 요구하는 것은 은혜로움을 해치는 것 중에서 큰 것이다. 장자는 어찌 부처(夫妻)와 자모(子母) 등의 가속(家屬)이 있기를 바라지 않았겠는가 마는 아버지에게 죄를 얻었기 때문에 가까이 할 수 없었다. 아내를 내보내고 자식들을 물리쳐서 평생동안 봉양 받지 않았으니, 마음속에 설정하기를 '이와 같이 하지 않는다면 이는 죄 중에서 큰 것이다'고 생각하였으니, 이것이 바로 장자다.[15]

---

15) 『孟子』, 「離婁下」, "公都子曰: 匡章, 通國皆稱不孝焉. 夫子與之遊, 又從而禮貌之, 敢問何也? 孟子曰: 世俗所謂不孝者五: 惰其四肢, 不顧父母之養, 一不孝也; 博奕好飮酒, 不顧父母之養, 二不孝也; 好貨

위의 인용문에서 볼 수 있듯이 만일 아버지가 잘못했을 경우 자식이 아버지의 잘못을 바로잡아줘서는 안된 다는 것이다. 이러한 예는 맹자가 부자지간에 서로 선을 권하는 것에 대하여 분명히 반대의 입장을 견지하고 있음을 명확히 밝힌 것이다. 이러한 것들은 주관적인 효도의 의지와 객관적인 '선'(善) 사이의 충돌에 대한 언급으로 맹자가 가정윤리에 대하여 특히 부자지간의 윤리를 매우 중시했음을 단적으로 보여주고 있는 것이다.

맹자는 광장(匡章)이 다른 사람들에게 불효자로 인식되고 있는 것에 대하여, 그가 정말로 세상에서 말하는 다섯 가지의 불효를 범한 것이 아니고 다만 그의 잘못은 자신의 아버지에게 착하게 되기를 권하였기 때문에 그의 아버지가 그를 싫어하게 되어 부자간의 관계가 깨져 세상사람들이 광장(匡章)을 불효자라 부른다고 생각했다.

본래 타인에게 착하게 되기를 권하는 것은 좋은 일이지만 맹자는 "착하게 되기를 권하는 것"은 친구 사이에서 서로 권해야할 덕목이지 부자지간에 서로 권해야할 덕목은 아니라고 생각한 것이다. 부자 사이에 서로 착하게 되기를 권하면 부자 사이의 관계가 원만하지 못하게되어 부자간에 좋지 않은 감정이 생기게 되기 때문에 인륜에 위배된다는 것이다. 광장(匡

財, 私妻子, 不顧父母之養, 三不孝也; 從耳目之欲, 以爲父母戮, 四不孝也; 好勇鬪狠, 以危父母, 五不孝也. 章子有一於是乎? 夫章子, 子父責善而不相遇也. 責善, 朋友之道也; 父子責善, 賊恩之大者. 夫章子, 豈不欲有夫妻子母之屬哉? 爲得罪於父, 不得近. 出妻屛子, 終身不養焉. 其設心以爲不若是, 是則罪之大者, 是則章子已矣."

章)의 의도는 비록 '선'(善)과 효도를 위한 것이었지만 그 결과는 오히려 더 나쁘게 나타났기 때문에 세상사람들로부터 불효자라는 오명을 받게된 것이다.

맹자가 역점을 둔 부분은 바로 부자 사이에서는 서로 아끼고 사랑하는 것만이 필요하다는 것이다. 즉 부모가 잘못을 저질렀을 때 자식이 부모의 잘못을 바로 잡아줘서는 안 된다는 것이다. 맹자의 이러한 주장은 공자가 언급한 "부모를 섬김에 있어서는 슬며시 잘못을 간해야 하며, 말을 따르지 않을 뜻이 보이더라도 더욱 공경하며 부모 뜻을 거스르지 말 것이며, 걱정이 되더라도 원망하지 말아야 한다."[16]의 정신과 같은 맥락을 형성하고 있는 것이다. 즉 공자는 부모의 잘못을 보았을 때 완곡하게 간언 해야하는데 부모가 간언을 받아들이지 않아도 역시 부모를 공경함으로 대하고 걱정되더라도 원망을 해서는 안 된다고 생각한 것이다.

자식이 아버지에게 착하게 되길 권해서는 안 된다는 것 이외에 맹자는 한 걸음 더 나아가 자식 교육에 대하여 다음과 같이 언급한다. 즉 자식을 사랑한다고 하는 좋은 의도로 시작하지만 결국은 부자지간의 좋은 감정을 깨뜨릴 가능성이 있기 때문에 아버지는 자식을 직접 가르치지 말아야 한다고 생각했다.

> 공손추(公孫丑)가 말했다. 군자가 직접 아들을 가르치지 않음은 어째서 입니까? 맹자가 말했다. 모양새가 좋지 않기 때문

16) 『論語』, 「里仁」, "事父母幾諫, 見志不從, 又敬不違, 勞而不怨"

> 이다. 가르치는 자는 반드시 바른 도리를 가지고 가르치는 것인데, 바른 도리를 가지고 가르쳤는데도 그 도리가 행해지지 않으면 성을 내는 것으로 이어진다. 성을 내는 것으로 이어지면 도리어 (자식을 사랑하는 마음이)손상된다. (자식이 부모에 대해서도) 선생님(아버지)께서 나를 바른 도리로써 가르치지만 선생님께서도 (행실이)바른 도리로 나오지 못한다고 여기게 되면 (아버지를 존중하는 마음이 손상되므로), 아버지와 아들의 마음이 서로 손상된다. 그래서 옛날에는 아들을 서로 바꿔서 가르쳤었던 것이다. 부자지간에는 서로 선하게 될 것을 권하는 것이 아니니, 선을 권하면 (정이) 떨어지게 된다. (정이)떨어지게 되면 나쁨이 이보다 더 큰 것이 없는 것이다.[17]

아버지가 자식을 가르칠 때는 반드시 자식이 바른 도리를 행할 것을 요구한다. 만일 자식이 바른 도리를 행하지 않으면 쉽게 화를 내게 되고 화를 내게 되면 곧 서로간의 감정이 손상되어, 자식은 아버지도 바른 도리를 행하지 않으면서 어째서 나에게 바른 도리를 행할 것을 요구하시는가? 라고 생각하게 된다는 것이다.

이와 같이 부자가 서로 화를 내게되고 상호간에 정이 떨어지게 되기 때문에 부자지간에는 서로 선함을 권해서는 안 된다는 것이다. 만일 부모가 잘못을 했을 경우 자녀는 부모에게 잘못을 고칠 것을 지적해서는 안되고 다만 완곡하게 권고를

---

17) 『孟子』, 「離婁上」, "公孫丑曰: 君子之不教子, 何也? 孟子曰: 勢不行也. 教者必以正; 以正不行, 繼之以怒; 繼之以怒, 則反夷矣. 夫子教我正, 夫子未出於正也. 則是父子相夷也. 父子相夷, 則惡. 古者易子而教. 父子之間不責善. 責善則離, 離則不祥莫大焉."

함과 동시에 계속적으로 부모를 공경하고 효성을 다해야만 한다는 것이다.

> 맹자가 말했다. 불효에 세 가지가 있으니, (그 가운데) 후손이 없는 것이 가장 크다. 순(舜)임금이 부모에게 아뢰지 않고 장가든 것은 후손이 없을 것을 염려하였기 때문이니, 군자는 그렇게 한 것을 아뢴 것과 같다고 여기는 것이다.[18)]

> 만장(萬章)이 물었다. 『시경』에 이르기를, 아내를 얻는 것을 어떻게 해야하는가? 반드시 부모에게 아뢰어야 한다. 하였는데, 이 말대로라면 순임금처럼 하지 말아야 할 듯 합니다. 순임금이 부모에게 아뢰지 않고 장가든 것은 무엇 때문입니까? 맹자가 말했다. 부모에게 아뢰었다면 장가들 수가 없었을 것이다. 남녀가 결혼하여 한 집에서 사는 것은 인륜의 대사이니, 만일 부모에게 아뢰면 인륜의 대사를 폐지하게 되어 부모를 원망하게 되었을 것이다. 이러한 이유 때문에 알리지 않은 것이다. 만장이 말했다. 순임금이 부모에게 아뢰지 않고 장가든 것에 대해서는 제가 이미 가르침을 들었습니다만, 요(堯)임금이 순임금에게 딸을 시집보내면서 (순임금의 부모에게)알리지 않은 것은 무슨 까닭입니까? 요임금 역시 알렸으면 딸을 시집보낼 수 없음을 알았기 때문이다.[19)]

---

18) 『孟子』, 「離婁上」, "孟子曰: 不孝有三, 無後爲大. 舜不告而娶, 爲無後也, 君子以爲猶告也."

19) 『孟子』, 「萬章上」, "萬章問曰: 詩云: 娶妻如之何? 必告父母. 信斯言也, 宜莫如舜. 舜之不告而娶, 何也? 孟子曰: 告則不得娶. 男女居室, 人之大倫也. 如告, 則廢人之大倫, 以懟父母, 是以不告也. 萬章曰: 舜之不告而娶, 則吾旣得聞命矣; 帝之妻舜而不告, 何也? 帝亦知告焉則

위에서 언급된 두 상황은 모두 부모를 섬기는데는 효도와 순종이 으뜸이라는 것을 설명하고 있다. 여기에서 다루어진 주요한 문제는 효도 상황의 충돌에 관한 것으로 다음과 같이 집약할 수 있다. 먼저 "부모에게 아뢰지 않고 장가든 것"은 부모의 뜻에 순종하지 않은 것이라는 것과 "후손이 없는 것"은 불효라는 것 사이의 충돌, 그리고 "부모에게 아뢰지 않고 장가든 것"은 불효라는 것과 "인륜의 대사"를 위배하는 것 사이의 모순이다.

이러한 문제들 가운데 주의를 기울여야할 부분은 바로 만장(萬章)이 순(舜)임금이 "장가들 때는 반드시 부모에게 아뢰어야 한다"는 것 즉 '예'(禮)에 맞춰서 결혼식을 거행해야만 한다는 것이지만 "부모에게 아뢰지 않고 장가간 것"에 대하여 그는 순(舜)임금이 '예'(禮)를 위반했다고 생각하지만 맹자는 그렇지 않다고 여긴 점이다.

즉 이러한 상황의 충돌은 장가를 갈 때는 반드시 부모에게 아뢰어야 하지만 고수(瞽瞍)는 순(舜)임금을 좋아하지 않았기 때문에 순(舜)임금이 아내를 얻는 것에 대하여 달가워하지 않았고, 요(堯)임금은 그의 두 딸을 순(舜)임금에게 시집보내고 싶었으나 고수(瞽瞍)의 반대에 부딪칠까 염려했고,[20] 순(舜)임

不得妻也."

20) 이러한 문제에 관하여 초순(焦循)은 다음과 같이 말하고 있다. "이 말은 고수가 요임금의 뜻을 거스를 수는 없지만 자식인 순임금이 장가를 못 가게 막을 수는 있었다. 요임금의 권력으로는 고수를 제압할 수는 있었겠지만 순임금에게 강제로 아버지의 뜻을 거역하게는 할 수 없었다."

금 역시 만일 부모에게 아뢴다면 장가를 가지 못할 것을 알았고 장가를 갈 수 없다면 두 가지 폐해[21]를 초래할 것을 염려한 상황 속에서 발생한 것이다. 그러므로 순(舜)임금은 이러한 충돌의 상황 아래서 최선의 선택으로 “부모에게 아뢰지 않고 장가를 든” 것이다.

맹자는 불효의 죄 가운데 가장 큰 것으로 세 가지를 꼽았으나 그 세 가지에 관해서 명확하게 규정지은 것은 보이지 않고 다만 “후손이 없는 것이 가장 크다”[22]라고 했다.

맹자는 순(舜)임금이 “부모에게 아뢰지 않고 장가든” 원인에 대하여 다음과 같이 생각했다.

첫째, 만일 정말로 장가를 들지 않게 되면 부모의 뜻을 곡해하고 따름으로써 자식이 부모를 원망하게 되어 부모를 ‘불의’(不義)한 사람으로 만든다.

둘째, 장가를 가지 않으면 후손이 끊기게 되는 상황을 초래하게 되어 가장 큰 불효를 범하게 된다.

셋째, 장가를 들지 않으면 인륜의 대사를 위배하게 된다.

만일 순(舜)임금이 “아내를 맞이할 때 반드시 부모에게 아

焦循撰, 『孟子正義』, 卷十八, 『焦氏遺書』影印本 참조.

21) 그 하나는 후손이 없게 되는 것으로 이것은 더 커다란 불효를 범하게 되는 것이며, 다른 하나는 인륜의 대사(결혼)를 어기는 것이다.

22) 趙岐는 수석에서 “예(禮)에 의하면 불효한 것이 세 종류 있는데, 부모의 뜻을 곡해하여 따름으로써 부모를 불의에 빠뜨리는 것이 그 하나고, 집이 빈곤하고 부모가 연로한데도 일을 하지 않는 것이 그 하나고, 결혼을 안 하여 자식이 없어 후손이 끊기는 것이 그 하나이다. 이러한 세 불효 가운데 후손이 없는 것이 가장 크다.”라고 하였다. 趙岐撰, 『孟子章句』, 卷七, 『四部叢刊』影印本 참조.

되어야 한다"는 원칙을 지켰을 경우 그의 아버지인 고수(瞽瞍)는 반드시 허락하지를 않았을 것이기 때문에 순(舜)임금은 인륜(人倫)의 대사를 위배할 수밖에 없었을 것이며, 부모를 불의한 사람으로 만들 수밖에 없었을 것이며, 후손이 없게되는 상황을 초래했었을 것이므로 결국은 부득이하게 폐해 가운데 가벼운 것을 선택하여 부모에게 아뢰지 않고 결혼을 한 것이다.

2) 개인의 덕행과 타인의 생명 사이에서의 충돌문제

> 순우곤(淳于髡)이 남자와 여자가 (물건을) 주고받는 것을 직접하지 않는 것이 예(禮)입니까? 라고 묻자 맹자가 말했다. 예(禮)이다. 제수(弟嫂)가 물에 빠지면 손으로 끌어냅니까? 제수가 물에 빠졌는데도 끌어내지 않는다면, 이는 승냥이다. 남자와 여자가 (물건을)주고받는 것을 직접 하지 않는 것은 예(禮)이고, 제수가 물에 빠지면 손으로 끌어내는 것은 권(權)이다.[23]

유가에서는 사랑에 차별이 있다고 주장하여 나와 다른 사람과의 관계 속에서 가장 우선적인 것이 자식과 부모의 관계이고 그 다음이 타인과의 관계라고 규정짓는다. 이러한 개별적인 사안들 가운데 언급하고자하는 부분은 바로 개인 덕행의 완성과 타인 생명의 구원 사이에서 발생되는 충돌에 관한

---

23) 『孟子』, 「離婁上」, "淳于髡曰: 男女授受不親, 禮與? 孟子曰: 禮也. 曰: 嫂溺則援之以手乎? 曰: 嫂溺不援, 是豺狼也. 男女授受不親, 禮也; 嫂溺援之以手者, 權也."

문제이다.

이러한 충돌은 남녀간에 물건을 주고받을 때 직접 손으로 전달하지 않는 것이 당시의 '예'(禮)로 모든 사람들이 준수해야할 규범이었는데, 순우곤(淳于髡)이 맹자에게 물은 것처럼 만일 제수(弟嫂)가 물에 빠져 허우적거리고 있는 것을 목격했을 때 손을 내밀어 제수의 손을 잡아서 구해야하는지 아니면 '예'(禮)를 지키기 위해서 손을 내밀지 않아야 하는지의 상황에서 발생한 것이다. 즉 이런 상황 속에서 만일 손을 내밀어 제수를 구한다면 곧 '예'(禮)에 위배되는 것(남녀간에 직접 손을 잡지 않는다고 하는)이고, 반대로 '예'(禮)를 지키기 위해서는 죽어가고 있는 모습을 보고도 구하지 않아야 하는데 그러면 제수는 분명히 익사할 것이다.

이러한 문제에 대한 맹자의 대답은 손을 내밀어 제수의 손을 잡아 끌어내라는 것이다. 즉 맹자는 비록 남녀간에 직접 손을 잡지 않는 것이 '예'(禮)라고는 하지만 만일 남녀간에 직접 손을 잡지 않는다라고 하는 '예'(禮)를 지키기 위해서 제수가 죽어가고 있는 것을 보면서도 구하지 않는 것은 '불인'(不仁)한 것으로 생각했으며 '불인'(不仁)이 '예'(禮)를 위반하는 것 보다 더 큰 잘못이라고 여겼기 때문이다.

앞서 언급한 것처럼 맹자는 타인의 불행을 불쌍하게 여기는 마음이 곧 '인'(仁)이라고 했으며, 또 "인의 핵심은 어버이를 섬기는 것이고, 의의 핵심은 형에게 순종하는 것이다. …… 예의 핵심은 이 두 가지를 질서 있게 나타내는 것이다."[24] 라고

24) 『孟子』, 「離婁上」, "仁之實, 事親是也. 義之實, 從兄是也. …… 禮之

언급한데서 알 수 있듯이 '인'(仁)이 '예'(禮)의 근본이 되며 '예'(禮)는 반드시 '인'(仁)으로써 귀착점을 삼아야 한다. 그리고 '예'(禮)의 내용과 정신은 반드시 '인'(仁)에 부합되어야 만이 형식적인 규범으로 전락되지 않는 것이다.

> 사회질서로서의 보편적인 법과 규범인 예(禮)는 필요한 때에 따라서는 상황에 맞게 고쳐질 수도 있지만, 예(禮)의 근본으로서의 인의(仁義)도덕은 영원히 버릴 수 없는 것이다. 권(權)이라고 하는 것은 사안에 맞춰 적용해야 하는 것이지 마음(본심, 도덕심)을 보존하는 수단으로 해서는 안 된다는 것이다. 그러므로 권(權)에 의해서 생성된 일상적이지 않은 수단은 반드시 인의(仁義)도덕에 부합되어야만 한다는 것이다.[25)]

유가에서 중시하는 것은 '인'(仁)정신의 확대발전에 있지, 표면적이고 형식적인 '예'(禮)의 준수에 있지 않다. 타인의 생명 의의와 가치를 존중하는 것이 바로 '인'(仁)의 정신이며 이것이 바로 맹자에게 있어서 도덕가치의 근원이 되는 것이다. 만일 형식적인 예절만을 따지고 '예'(禮) 속에 담겨져 있는 근본정신을 소홀히 하여 다른 사람의 생명을 경시한다면, 맹자의 입장에서는 그냥 향원(鄕原)일 뿐이지 어떻게 덕이 있는 사람이라고 할 수 있겠는가!

實, 節文斯二者是也."

25) 王邦雄, 曾昭旭, 楊祖漢, 『孟子義理疏解』, 臺北, 鵝湖出版社, 1995年, 192쪽 참조.

3) 직분과 그에 수반되는 윤리적 책임에 관련된 선택문제

증자(曾子)가 무성(武城)에 머무르고 있을 때 월(越)나라의 침략이 있었는데, 어떤 사람이 침략군이 도착하는데 어찌 떠나가지 않으십니까? 라고 묻자, 증자가 말하기를 내 집에 다른 사람이 살지 못하게 하여 섶과 나무의 훼손을 막도록 하라고 하고, 침략군이 물러갔다고 하자 내 집의 담과 건물을 수리해라. 내가 돌아갈 것이다. 라고 하였다. 그 후 침략군이 물러가자, 증자가 돌아왔는데, 주위 사람들이 말하기를 (武城의 大夫가)선생님을 이렇게 충직하고 공경으로 대하였는데, 침략군이 몰려오자 먼저 떠나가시어 백성들이 본받아 도망가게 하고 침략군이 물러가자 돌아오시니, 잘못된 처신인 듯합니다. 라고 하자, 심유행(沈猶行)이 말했다. 이것은 당신들이 이해할 수 있는 것이 아니다. 옛날에 우리 심유(沈猶)씨 가문에 부추(負芻)의 난이 있었는데, 선생님의 제자 칠십 명 가운데 한 사람도 그 난리를 수습하는데 참여하지 않았다. 자사(子思)가 위(衛)나라에 있었을 때에 제(齊)나라의 침략이 있었는데, 어떤 사람이 침략군이 쇄도하고 있는데 어째서 피난하지 않습니까? 라고 말하자, 자사가 만일 내가 피난가면 위나라의 임금이 누구와 함께 나라를 지키겠는가? 라고 말했다. 맹자가 말했다. 증자와 자사는 같은 행동원리를 가지고 있었다. 즉 증자는 스승이며 부형(父兄)이었고, 자사는 신하였고 미천하였으니 증자와 자사가 처지를 바꾼다면 다 그렇게 하였을 것이다.[26]

---

26) 『孟子』, 「離婁下」, “曾子居武城, 有越寇. 或曰: 寇至, 盍去諸? 曰: 無寓人於我室, 毁傷其薪木. 寇退, 則曰: 修我牆屋, 我將反. 寇退, 曾子反. 左右曰: 待先生如此其忠且敬也. 寇至則先去以爲民望, 寇退則反, 殆於不可. 沈猶行曰: 是非汝所知也. 昔沈猶有負芻之禍, 從先生者七十人, 未有與焉. 子思居衛, 有齊寇. 或曰: 寇至, 盍去諸? 子思曰: 如

증자(曾子)가 무성(武城)에 머물고 있을 때 무성의 대부(大夫)는 그를 충직하고 공경하는 태도 모셨는데, 침략군이 몰려오자 증자는 피난을 떠났을 뿐만 아니라 피난 가기 전에 다른 사람들이 자신의 집에 들어가 살지 못하도록 요구하였다. 그리고 침략자들이 물러간 이후에는 자신의 집을 수리시킬 것을 요구하고 수리가 끝난 뒤에야 돌아오겠다고 하자 주위 사람들은 그가 은혜를 모르는 사람이라고 생각했다. 즉 그들은 증자가 마땅히 과거 자사(子思)가 위(衛)나라의 군주를 위해서 침략자들과 맞서 싸운 것처럼 했어야 한다고 생각했기에 증자의 행위를 못마땅하게 생각한 것이다. 그러나 맹자는 그렇지 않다고 생각했다.

이러한 상황은 '보은'(報恩)과 '생명의 보전' 사이의 충돌처럼 보인다. 혹자들은 증자의 이러한 처신에 대하여 비난을 할 수도 있겠지만 맹자는 이것이 책임소재에 관한 문제라고 생각했다. 즉 만일 자신의 신분을 정확하게 인식하고 있으면 어떻게 처신해야 할지는 분명해지며 이에 따라서 충돌은 발생하지 않는다는 것이다.

위와 같은 문제에 대하여 주자는 다음과 같이 말했다.

> 윤씨(尹氏)가 말했다. 혹은 피해를 멀리 피하고 혹은 난리에 죽을 각오를 하는데, 그들의 일 처리방식이 같지 않은 것은 처한 입장이 다르기 때문이다. 군자의 마음은 이해관계에 연연하지 않고 오직 그 옳은 것을 할 뿐이다. 그러므로 처지를 바꾸

伋去, 君誰與守? 孟子曰: 曾子子思, 易地則皆然."

> 면 모두 그렇게 할 수 있는 것이다. 공씨(孔氏)가 말했다. 옛날 성현들의 언행이 다르고 사업 역시 달랐으나, 그들의 도(道)는 일찍이 같지 않은 것이 아니었다. 배우는 자들이 이것을 안다면 부닥치는 상황에 따라 대응하기를, 저울로 물건을 다는 것처럼 하여 오르내림이 여러 차례 변하지만 그 동일하게 되는 것에 해를 끼치지 않는 것이다.[27]

유가에서는 '정명'(正名)을 중시하는데, 공자는 '정명'(正名)에 관하여 다음과 같이 말한다. "명분이 바로 서지 않으면 곧 말이 순조롭지 못하게 되고, 말이 순조롭지 못하면 곧 일이 이루어지지 않게 된다."[28] 즉 명분에 맞는 지위에 있는 사람은 그에 상응하는 일을 도모하고 책임을 져야 한다는 것이다. 반대로 명분에 맞는 지위에 있지 않는 사람은 그에 상응하는 일을 도모할 필요가 없고 책임도 질 필요가 없게 되는 것이다. 어떠한 신분으로 어떠한 일을 담당하든지 간에 마땅히 지어야할 책임은 회피할 수 없는 것이지만, 자신의 책임소재 범위 내의 사안이 아닐 경우 자신의 책임과 본분만을 지키면 되는 것이다.

위의 인용문에서 열거한 사안 가운데 증자는 단지 스승의 신분이었을 뿐 자사와 같은 신하의 신분이 아니었기 때문에

---

27) "尹氏曰: 或遠害, 或死難, 其事不同者, 所處之地不同也, 君子之心, 不繫於利害, 惟其是而已, 故易地而皆能爲之. 孔氏曰: 古之聖賢, 言行不同, 事業亦異, 而其道未始不同也, 學者知此, 則因所遇而應之, 若權衡之稱物, 低昻屢變, 而不害其爲同也."
朱熹撰,『四書章句集注』,「孟子集注」, 卷八, 海淵閣明刻本影印 참조.

28)『論語』,「子路」,"名不正, 則言不順; 言不順, 則事不成 ……."

난리를 피해 떠났던 것이었다. 그러나 신하된 자는 그 지위에 상응하는 책임을 져야만 하기 때문에 군주를 버리고 도망을 가서는 안 된다. 다시 말하면 스승의 신분에 있는 사람은 신하의 신분에 있는 사람과는 달리 어떠한 책임을 져야할 필요가 없다는 것이다.

맹자는 스승과 신하라고 하는 다른 신분에 있는 사람을 대비시켜 명분에 맞는 지위에 있지 않다면 그에 상응하는 책임을 질 필요가 없다는 것을 설명함과 동시에 성현들이 "처지를 바꿨을 때도 그렇게 했을 것"이라는 것을 근거로 하여 증자의 이러한 행위가 도피성이나 혹은 용기가 없어서가 아니라는 것을 설명한다. 이러한 상황에 대하여 혹시 일반인들이 표면적으로 보았을 때 은혜를 입고도 보답하지 않는다고 여길 수도 있지만, 이것은 다만 책임 소재의 문제일 뿐이다.

이와 같은 주장은 『맹자』 가운데 여러 곳에서 발견할 수 있는데, 그 일례로 맹자가 제(齊)나라에 있었을 때 일찍이 지와(蚳鼃)에게 왕이 '선정'(善政)을 할 수 있도록 간언 할 것을 일깨워줬다. 그러나 지와(蚳鼃))가 왕에게 간언을 한 후에 해임을 당하자, 제(齊)나라 사람들은 맹자가 직접 제(齊)나라 왕에게 가서 간언을 하지 않고 지와(蚳鼃))에게 간언을 시켜 결과적으로는 지와가 해임되게 만들었다고 비웃었다. 그러나 맹자는 제(齊)나라 사람들의 그러한 조소에 대하여 '관직에 있지 않으면 간언 할 책임도 없다'는 말로 대응했다.

맹자가 지와(蚳鼃)에게 말하기를 그대가 영구(靈丘)의 읍재

> (邑宰) 사리를 사양하고 재판관이 되기를 청한 것이 그럴 듯함은 그렇게 됨으로써 (재판관이) 왕에게 간언을 할 수 있었기 때문이었는데, 이제 이미 몇 개월이 지났는데 아직 말할 수 없단 말인가? 라고 하자 지와가 왕에게 간언을 했으나 채택되지 않자, 신하의 직분을 내놓고 떠나갔다. 제나라 사람이 말하기를 지와를 위해서 한 것은 좋으나, 맹자 자신이 하는 것은 내가 이해할 수 없다. 라고 하므로 공도자(公都子)가 그 사실을 맹자에게 아뢰자, 맹자가 말했다. 내 들으니 관직을 지켜야 하는 책임을 가진 자가 그 직책을 수행하지 못하면 떠나고, 간언을 해야 하는 책임을 가진 자가 간언을 할 수 없으면 떠난다고 하였는데, 나는 관직을 지켜야 하는 책임도 없고 간언을 해야 하는 책임도 없으니, 내가 나아가고 물러가는 것이 어찌 느긋하게 여유가 있지 않겠는가?[29]

기본적으로 맹자는 사람이 책임의식이 있어야한다고 주장하였지만, 그는 겉치레로서의 거짓된 '인'(仁)과 '의'(義)에 대해서는 반대한다. 맹자가 중점을 둔 것은 바로 다른 상황 속에서 사람들은 각자의 신분에 따라서 반드시 각각 다른 선택을 하게된다는 것이다. 이러한 부분이 바로 맹자가 유가의 '정명'(正名)사상을 한 단계 더 높게 발전시킨 점이다.

---

29) 『孟子』, 「公孫丑下」, "孟子謂蚳鼃曰: 子之辭靈丘而請士師, 似也, 爲其可以言也. 今旣數月矣, 未可以言與? 蚳鼃諫於王而不用, 致爲臣而去. 齊人曰: 所以爲蚳鼃, 則善矣; 所以自爲, 則吾不知也. 公都子以告. 曰: 吾聞之也: 有官守者, 不得其職則去; 有言責者, 不得其言則去. 我無官守, 我無言責也; 則吾進退, 豈不綽綽然有餘裕哉?"

> 우(禹)임금과 후직(后稷)이 태평성대 때에도 자기집 문 앞을 세 번이나 지나가면서도 들어가지 않은 것에 대하여 공자는 그들이 어질다고 생각했다. 안자(顏子)가 세상이 어지러울 때에도 누추한 골목에서 살면서 한 그릇의 밥과 한 통의 물을 마시고 살았다. 다른 사람들은 그러한 열악함을 감당해내지 못하지만 안자는 그러한 즐거움을 바꾸지 않았기 때문에 공자는 그가 어질다고 생각했다. 맹자가 말했다. 우임금과 후직 그리고 안회는 도(道)가 같다. 우임금은 천하에 물에 빠진 자가 있으면 마치 자신이 그를 빠뜨린 것처럼 생각하고, 후직은 천하에 굶주린 자가 있으면 마치 자신이 그를 굶주리게 만든 것처럼 생각하였으니, 이 때문에 그와 같이 급하게 여긴 것이다. 우임금과 후직과 안자가 처지를 바꾸면 다 그렇게 하였을 것이다. 지금 한 집에 있는 사람 가운데 다투는 자들이 있을 경우, 이를 말려야 하는데, 비록 머리를 그대로 풀어 흩트린 채 갓끈만 매고 가서 말리더라도 괜찮다. 그러나 동네나 이웃에 다투는 자들이 있다면 머리를 풀어 흩트린 채 갓끈만 매고 가서 말린다면 정신이 헷갈린 것이니, 비록 문을 닫고 가만히 있더라도 괜찮은 것이다.[30]

위의 인용문에는 두 종류의 충돌 상황을 내포하고 있다. 즉 "우(禹)임금과 후직(后稷)이 태평성대 때에도 자기집 문 앞을

---

30) 『孟子』, 「離婁下」,"禹稷當平世, 三過其門而不入, 孔子賢之. 顏子當亂世, 居於陋巷. 一簞食, 一瓢飮. 人不堪其憂, 顏子不改其樂, 孔子賢之. 孟子曰: 禹稷顏回同道. 禹思天下有溺者, 由己溺之也; 稷思天下有飢者, 由己飢之也, 是以如是其急也. 禹稷顏子易地則皆然. 今有同室之人鬪者, 救之, 雖被髮纓冠而救之, 可也. 鄕隣有鬪者, 被髮纓冠而往救之, 則惑也, 雖閉戶可也."

세 번이나 지나가면서도 들어가지 않은 것"은 '대아'(大我: 천하를 위함)와 '소아'(小我: 가족을 위함)의 선택을 내포하고 있으며, 우(禹)임금과 후직(后稷)과 안회(顔回)의 처세 태도가 다른 것으로써 한 집에 같이 사는 사람들의 다툼과 이웃집 사람들이 서로 다툴 때 그것을 말릴지의 여부의 문제를 비교 유추하는 것은 위에 언급한 것과 마찬가지로 책임소재의 문제와 밀접하게 연관되어 있는 것이다.

첫 번째 상황에 대해서 말하자면, 맹자는 우(禹)임금과 후직(后稷)이 "자기집 문 앞을 세 번이나 지나가면서도 들어가지 않은 것"에 대하여 그들은 천하를 먼저 생각하고 가족을 다음으로 생각했다고 여겼다. 즉 맹자는 그들이 '대아'(大我)를 중요하게 생각하고 '소아'(小我)를 가볍게 생각했다고 여겼다. 그러나 이러한 선택은 책임의 의미를 내포하고 있는 것으로 우(禹)임금과 후직(后稷)은 이렇게 해야할 책임이 있다는 것이다. 만일 우(禹)임금과 후직(后稷)이 그러한 책임이 없다면 그렇게 하지 않았을 것이다.

맹자는 이러한 두 종류의 상황을 대비함으로써 성현들의 도(道)는 달라 보이지만 사실은 처지를 바꾸면 다 그렇게 했을 것이라고 하여 성현들의 도(道)는 같은 것이라는 주장을 분명하게 드러내고자 했다.

우(禹)임금과 후직(后稷)이 태평성대 때에 현실에 안주하고 자신의 삶을 즐겼을 수도 있었지만, 물에 빠진 사람이 있으면 마치 그를 자신이 빠뜨린 것처럼 생각하고 굶주리는 사람이 있으면 그를 자신이 굶주리게 만든 것처럼 여긴 바와 같이 백성들의 고통에 대하여 고민했기 때문에 자기집 문 앞을 세 번이나 지나가면서도 들어가지 않은 것이다. 또한 안회(顔回)는 춘추시대(春秋時代)라고 하는 난세에 살았는데 당시의 백성들은 모두들 고통 속에서 신음하고 있는 상황이었다. 그러나 안회(顔回)는 한 그릇의 밥과 한 통의 물에 의지해야하는 빈곤한 생활에 만족하며 수신의 도리를 지켰다.

그들(우임금과 후직)이 이렇게 한 것은 절대로 명예를 얻기 위해서가 아니며, 안회(顔回) 역시 천하를 위하려는 마음이 없었기 때문에 그렇게 한 것이 아니고, 다만 그들이 각자 그러한 책임을 질 지위에 있었는지 아니면 그러한 책임을 질 지위에 있지 않았는지의 관점에서 보아야한다.

우(禹)임금과 후직(后稷)의 경우 책임을 져야만 하는 신분에 있었기 때문에 반드시 그렇게 해야만 했는데, 만일 그렇지 않았으면 책임을 회피하게 되는 것이다. 그러나 안회(顔回)의 경우 우(禹)임금이나 후직(后稷)과 같은 책임이 없었기 때문에, 그는 수신(修身)의 도(道)로써 홀로 자신을 수양한 것이다. 이러한 부분에 대해 조기(趙岐)의 주석을 참조하면 다음과 같다.

> 태평성대 때에도 자기집 문 앞을 세 번이나 지나가면서도 들어가지 않은 것은 공경(公卿)의 신분에 있어 백성들을 염려하는 것이 더 시급했기 때문이다. 난세에 누추한 골목에 안주하여 세상에 쓰여지지 않아서 가난하면서도 수신의 도를 즐긴다. 맹자는 그들이 백성들을 염려하는 도리는 같으나 그것을 응용한 것과 응용할 수 없었던 것은 대략 이와 같아서 공자는

그들이 어질나고 한 것이다. 우임금과 후직은 백성들의 고통해소를 이와 같이 급하게 여겼으며, 안회와 처지를 바꿨어도 그 마음은 역시 그랬을 것이다.31)

두 번째 상황에 대해서 말하자면, 맹자는 "한 집에 있는 사람 가운데 다투는 자들이 있을 경우, 이를 말려야 하는데 비록 머리를 그대로 풀어 흩트린 채 갓끈만 매고 가서 말리더라도 괜찮다."라고 했는데, 이것은 같은 집에 사는 사람은 나와 매우 가까운 관계로 만일 그가 다른 사람과 분쟁을 벌인다면 말려야 하는 것은 의심할 여지가 없는 사실로 이는 마땅히 져야할 책임인 것이다. 즉 이것은 우(禹)임금이나 후직(后稷)이 천하에 대하여 책임의식을 갖는 것과 같은 맥락을 형성하고 있다. 그러나 "동네나 이웃에 다투는 자들이 있다면 머리를 풀어 흩트린 채 갓끈만 매고 가서 말린다면 정신이 헷갈린 것이니, 비록 문을 닫고 가만히 있더라도 괜찮은 것이다."라는 말속에는 책임을 질 지위에 있지 아니하면, 책임질 만한 일을 도모하지 않는다는 의미를 내포하고 있는 것으로, 이것은 앞서 언급한 증자(曾子)와 자사(子思)의 경우와 같은 맥락을 형성하고 있는 것이다.

이상과 같이 알 수 있듯이 맹자는 각자가 자신의 소임에 대한 책임을 질 것을 주장한다. 그래서 그는 우(禹)임금과 후직(后稷)이 "자기집 문 앞을 세 번이나 지나가면서도 들어가지 않은 것"이나 안회(顔回)가 당시의 상황에 대하여 조급하

31) 趙岐撰, 『孟子章句』, 卷十三, 『四部叢刊』影印本 참조.

게 염려하지 않고 '안빈낙도'(安貧樂道) 한 것 역시 모두 자신의 본분을 잘 지킨 것이라고 생각했다. 또한 같은 맥락으로 같은 집에 사는 사람들이 서로 다툰다면 자신은 그것을 말려할 책임이 있기 때문에 적극적으로 말려야하지만, 동네나 이웃집의 사람들이 서로 다툰다면 그것은 자신과 무관한 그들 내부의 문제이므로 굳이 가서 말려야할 필요가 없기 때문에 문을 닫고 간여하지 않아도 된다는 것이다. 이러한 각도에서 우(禹)임금과 후직(后稷) 그리고 안회(顔回)의 처세 태도를 본다면 그들이 한 처세는 모두 '도'(道)에 부합되는 것이다.

4) 군신간의 의리와 정치윤리의 충돌에 관련된 선택문제

> 맹자가 말했다. 죄가 없는데도 사(士)를 죽이면 대부(大夫)가 그 나라를 떠나야 하고, 죄가 없는데도 백성들을 죽이면 사(士)가 그 나라를 옮겨가야 한다.[32]

위의 인용문에 언급된 충돌상황은 바로 사(士)와 대부(大夫)[33]는 모두 신하된 자들로서 군주에 대하여 "군주에 대한

---

32) 『孟子』, 「離婁下」, "孟子曰: 無罪而殺士, 則大夫可以去; 無罪而戮民, 則士可以徙."

33) ① 사(士)는 일반적인 의미의 선비가 아니다. 춘추전국시대의 사는 지배계층의 가장 말단에 있는 계층으로서, 평시에는 하급행정관료로서의 직무를 수행하고 전시(戰時)에는 군의 하급장교 역할을 담당하였다. 즉 문무(文武)를 겸비한 하급관리 계층이라고 할 수 있는 것이다.
② 대부(大夫)는 일정한 지역의 통치자라고 할 수 있다. 춘추전국시대의 통치 권역은 천하, 국(國), 가(家)로 이루어 졌는데, 천하의 통

의리"를 지켜아 하는데, 무도한 군주가 죄가 없는데도 사(士)와 백성들을 죽인다면 신하된 자들은 여전히 군주에 대하여 반드시 충성을 다해야 하는가 아니면 말아야하는가의 상황 속에서 발생된 것이다.

맹자가 일찍이 "부자간에는 친함이 있으며, 군신간에는 의리가 있으며, 부부간에는 분별이 있으며, 장유(長幼)간에는 차례가 있으며, 친구간에는 믿음이 있는 것이다."[34]라고 말한 바와 같이 "군신간에는 의리가 있다"는 말은 '오륜'(五倫) 가운데의 하나로 유가에 있어서 정치윤리의 핵심을 이루고 있다. 또한 군주와 신하는 제각기 백성들에 대한 책임과 권한을 가지고 있으며, 정치에 관련된 모든 행위들은 반드시 백성들의 삶을 우선적으로 고려하여야만 한다는 것이다. 그래서 맹자는 "백성이 가장 귀중하고, 국가가 그 다음이고, 군주는 가벼운 것이다."[35]라고 말한 것이다. 즉 이것은 군주가 모든 것을 제멋대로 해서는 안 된다는 의미를 함축하고 있는 것이다.

또한 신하들은 군주에 대하여 '의'(義)를 지켜야하는데, 이때의 '의'(義)는 군주에 대한 충성을 포함하지만 결코 맹목적

치자는 천자였고, 국(國)의 통치자는 제후였고, 가(家)의 통치자는 대부였다. 이때의 가(家)는 집 혹은 집안이라는 의미가 아니고, 약 5만 호 정도의 규모를 갖춘 권역을 의미한다. 이러한 권역을 통치하는 대부는 자신의 영도 내에서 세금징수와 재판권 그리고 군대의 보유 등 모든 행정·국방·사법·징세 등에 관련된 권리를 행사할 수 있었다.

34) 『孟子』, 「滕文公上」, "父子有親, 君臣有義, 夫婦有別, 長幼有序, 朋友有信."

35) 『孟子』, 「盡心下」, "民爲貴, 社稷次之, 君爲輕."

인 충성까지 포함하는 것은 아니다. 즉 만일 군주가 '불의'(不義)하여 무고한 백성들을 죽일 경우에도 여전히 그런 무도한 군주를 섬기는 것이 바로 맹목적인 충성인 것이며, 그 신하 역시 '불의'(不義)한 행위를 저지르게 되는 것이다. 만일 그러한 군주를 버리고 떠나간다면 비록 국가에 대해서는 도움이 되지는 않겠지만, 적어도 폭군을 도와 학정을 한다는 오명을 벗을 수 있기 때문에 마땅히 떠나가야만 한다.

신하된 자가 중요하게 여길 것은 위에서 언급한 바와 같이 맡은 직무에 대한 책임을 다하는 것이다. 특히 책임 져야할 직무 가운데 가장 중요한 것은 군주가 선정을 베풀 수 있도록 권하는 것이다. 이러한 사안에 대하여 맹자는 제선왕(齊宣王)과의 경(卿)에 관한 대화 속에 진일보한 설명을 하는데, 그는 경(卿)을 '군주와 친척관계인 경'과 '군주와 친척관계가 아닌 경'의 두 종류로 분류한다.

> 제선왕(齊宣王)이 경(卿)을 묻자, 맹자가 말했다. 왕께서는 어떤 경을 물으십니까? 왕이 말하기를 경이 같지 않습니까? 맹자가 같지 않습니다. 군주와 친척관계인 경과 군주와 친척관계가 아닌 경이 있습니다 라고 말하자, 왕이 군주와 친척관계인 경에 대해 묻겠습니다 라고 했다. 맹자가 말하기를 군주에게 큰 허물이 있을 때 간언하고 반복하여도 듣지 않으면 군주의 지위를 바꿉니다. 이 때 왕이 발끈 얼굴빛을 바꾸자, 맹자는 왕께서는 이상하게 생각하지 마십쇼, 왕께서 소신에게 물으셨기에 소신이 감히 바른대로 대답하지 않을 수 없었습니다. 왕이 얼굴빛이 안정된 후에 군주와 친척관계가 아닌 경에 대해

묻자, 맹자가 군주가 허물이 있으면 간언하고 반복하여도 듣지 않으면 떠납니다 라고 말했다.36)

맹자는 '군주와 친척관계인 경'이나 '군주와 친척관계가 아닌 경'에 관계없이 모두 군주가 잘못하였을 경우 군주가 바른 길을 갈 수 있도록 간언 해야할 책임이 있는데, 만일 여러 차례 반복해서 간언을 했음에도 불구하고 군주가 간언을 받아들이지 않으면 '군주와 친척관계인 경'은 군주의 지위를 바꿀 수 있는 권력이 있고, '군주와 친척관계가 아닌 경'은 그러한 권력이 없기 때문에 다만 관직을 사직하고 떠나갈 뿐이라고 생각했다.

맹자는 백성들을 군주 권력의 유지수단으로 보지 않고 군주가 돌보아야할 대상으로 생각하여, 무도한 군주에 대해서는 백성들과 신하된 사람들이 떠나갈 수 있을 뿐만 아니라 심지어는 군주의 자리에서 쫓아낼 수 있다고 생각했다.

> 제선왕(齊宣王)이 물었다. 탕(湯)임금이 걸(桀)을 추방하고 무왕(武王)이 주(紂)를 정벌했다고 하는데, 그러한 일이 있었습니까? 맹자가 전승되어 오는 기록에 있습니다 라고 대답했다. 제선왕이 말하기를 신하가 자기의 군주를 시해해도 됩니까? 라고 하자, 맹자가 인(仁)을 해치는 자를 적(賊)이라 하고 의(義)를

36) 『孟子』, 「萬章下」, "齊宣王問卿. 孟子曰: 王何卿之問也? 王曰: 卿不同乎? 曰: 不同. 有貴戚之卿, 有異姓之卿. 王曰: 請問貴戚之卿? 曰: 君有大過則諫, 反覆之而不聽, 則易位. 王勃然變乎色. 曰: 王勿異也. 王問臣, 臣不敢不以正對. 王色定, 然後請問異姓之卿. 曰: 君有過則諫, 反覆之而不聽, 則去."

해치는 자를 잔(殘)이라 하고 잔적(殘賊)하는 사람을 일개 평민이라 하니, 일개 평민인 주(紂)를 죽였다는 말은 들었어도 군주를 시해했다는 말은 들어보지 못했습니다.[37]

위의 인용문 가운데에서 제선왕(齊宣王)이 탕(湯)임금과 무왕(武王)이 본래 신하의 신분이었는데 그들이 각기 걸(桀)을 추방하고 주(紂)를 죽인 행위는 군신간의 의리에 위배되지 않느냐고 생각했음을 알 수 있다. 이에 대하여 맹자는 주(紂)가 '인의'(仁義)를 해쳤기 때문에 이미 군주의 자격을 상실한 평민의 신분이었을 뿐이라고 생각하여 일개 평민에 불과한 주(紂)를 죽인 무왕(武王)이 어떻게 자신의 군주를 죽인 죄를 지었다고 할 수 있겠느냐고 한다.

5) 소아(小我)와 대아(大我)의 문제

앞 부분에서 논의한 문제는 나와 타인과의 상호 관계에 대한 문제였는데, 이 때 타인의 범위는 단지 나와 다른 별도의 행위의 주체로 한정지었지만, 본 단락에서는 타인의 범위를 사회 국가까지 확대시키도록 하겠다. 개인과 사회와의 관계는 맹자가 특히 관심을 집중했던 부분으로 '소아'(小我)와 '대아'(大我) 사이의 문제 즉 개인의 '선'(善)과 사회전체의 '선'(善) 사이의 관계와 개인의 이익과 국가의 이익 사이의 충돌문제

37) 『孟子』, 「梁惠王下」, "齊宣王問曰: 湯放桀, 武王伐紂, 有諸? 孟子對曰: 於傳有之. 曰: 臣弑其君可乎? 曰: 賊仁者謂之賊, 賊義者謂之殘, 殘賊之人, 謂之一夫. 聞誅一夫紂, 未聞弑君也."

를 포함하고 있다.

(1) 개인의 선과 사회전체의 선에 관한 문제

앞부분에서 인용한 문장 가운데 맹자는 우(禹)임금과 후직(后稷)이 태평성대 때에도 "자기집 문 앞을 세 번이나 지나가면서도 들어가지 않은 것"이 국가의 사무를 더 중요하게 생각한 것, 즉 다시 말하면 '대아'(大我)를 중요하게 여기고 '소아'(小我)를 가볍게 여긴 것이라고 생각했다. 그러나 만일 '소아'(小我)로서의 개인의 '선'(善)과 사회전체의 '선'(善) 사이의 이익에 상호간의 충돌이 발생했을 경우 맹자는 어떠한 선택을 했을까? 라고 하는 의문이 든다. 이러한 문제는 뜻을 얻는 것과 얻지 못하는 것 사이 및 어떻게 개인의 선과 사회전체의 선을 선택할 것인가를 언급한 것이다. 이러한 문제에 대하여 맹자는 "뜻을 얻으면 백성과 함께 도를 행하고, 뜻을 얻지 못하면 홀로 그 도를 행한다."[38]라고 했다.

유가는 개인의 수양으로부터 사회 국가의 공익에 이르는 연결구조를 매우 중시하고 있는데 그 실례가 『大學』에 잘 나타나 있다.

> 옛날에 밝았던 덕을 천하에 다시 밝히고자 하는 자는 먼저 그 나라를 다스리고, 그 나라를 다스리고자 하는 자는 먼저 그 집을 가지런하게 하며, 그 집을 가지런하게 하고자 하는 자는 먼저 그 자신을 수양하고, 그 자신을 수양하고자 하는 자는 먼

38) 『孟子』, 「滕文公下」, "得志與民由之, 不得志獨行其道."

저 그 마음을 바로 잡으며, 그 마음을 바로 잡고자 하는 자는 먼저 그 뜻을 정성 되게 하고, 그 뜻을 정성 되게 하고자 하는 자는 먼저 그 지혜를 이룬다. 지혜를 이루는 것은 사물에 접촉하여 사물의 이치를 연구하는데 있다. 사물의 이치가 연구된 후에 지혜가 이루어지고, 지혜가 이루어진 후에 뜻이 정성스러워지며, 뜻이 정성스러워진 후에 마음이 바르게 되고, 마음이 바르게된 후에 자신이 수양되며, 자신이 수양된 후에 집이 가지런해지고, 집이 가지런해진 후에 나라가 다스려지며, 나라가 다스려진 후에 천하가 태평해진다.[39)]

유가에서는 개인의 수양과 가정의 화목을 통하여 나라와 천하를 잘 다스리기를 희망한다. 이러한 희망은 그들의 사회에 대한 사명의식과 책임의식에 그 뿌리를 두고 있다. 그래서 맹자는 일찍이 "공자는 삼 개월 동안 섬길 군주가 없으면 안절부절 한 듯 하며 국경을 나갈 적에 반드시 폐백을 싣고 갔다."[40)]라고 말했던 것이다. 이는 유가의 "학문을 익히고 여력이 있으면 관직에 나간다"라고 하는 포부와 이상을 단적으로 보여주는 예라 하겠다.

이외에도 공자가 언급한 '인'(仁)에 대해서 살펴보면, '인'(仁)의 주요한 의의는 '충서'(忠恕)에 있는데 이 때의 '충'(忠)

---

39) 『大學』, "古之欲明明德於天下者, 先治其國; 欲治其國者, 先齊其家; 欲齊其家者, 先修其身; 欲修其身者, 先正其心; 欲正其心者, 先誠其意; 欲誠其義者, 先致其知; 致知在格物. 物格而后知至, 知至而后意誠, 意誠而后心正, 心正而后修身, 修身而后齊家, 齊家而后國治, 國治而后天下平."

40) 『孟子』, 「滕文公下」, "孔子三月無君, 則皇皇如也, 出疆必載質."

은 자신의 최선을 다해 성실하게 책임을 다한다는 것이고 '서'(恕)는 자신의 마음에 비추어서 타인의 마음을 헤아린다는 것이다.[41] 즉 자신에게 최선을 다해 성실하게 책임을 완성한다는 것은 곧 '소아'(小我)를 성취한다는 것을 의미하고, 자신의 마음에 비추어서 타인의 마음을 헤아린다는 것은 곧 '소아'(小我)를 성취한 결과를 타인에게까지 확대시킨다는 것을 의미한다.

이렇기 때문에 유가에서는 자신의 덕성을 수양하여 일정한 정도의 성취를 이루었을 때 이러한 성취를 타인과 사회에까지 확대시킬 것을 요구하는데 그 목적은 바로 이상적인 인간 세상을 구현하는데 있는 것이다.

그렇지만 그들 역시 현실생활이 반드시 모두 자신의 의지대로 될 수는 없다는 것을 알고 있었다. 특히 선진시대(先秦時代)에 있어서의 그러한 환경은 그들이 현실생활 속에서 자신의 뜻을 제대로 펼칠 수 있는 여건이 조성되지 않았다.

그러므로 그들은 직면한 현실에 따라서 뜻을 얻거나 뜻을 얻지 못하는 상황이나 혹은 개인의 '선'(善)과 사회전체의 '선'(善)이 충돌을 일으키는 상황이 발생하였을 때 그들이 택한 태도는 굽힐 줄도 알고 펼 줄도 아는 도량과 안빈낙도(安貧樂道)로 자족하여 사회를 위해 뜻을 펼칠 기회가 주어지면 '소아'(小我)의 사적인 태도를 버리고 '대아'(大我)의 정신으로 임했으며, 시대가 자신을 필요로 하지 않으면 홀로 자신의 '도'(道)를 수양한다는 것이다. 이러한 사상은『孟子』가운데

---

41) 李相顯,『先秦哲學之硏究』, 北京, 世界科學社, 1946年, 18쪽 참조.

에도 잘 나타나 있다.

> 옛날 사람들은 뜻을 얻으면 백성들에게 혜택이 더가게 만들고, 뜻을 얻지 못하면 자신을 수양하여 세상에 드러내니, 곤궁하면 홀로 자신을 선하게 만들고 출세하면 천하를 모두 선하게 만든다.[42]

위의 인용문 가운데에는 개인의 수양(小我: 개인의 善)과 천하의 공익(大我: 사회전체의 善) 사이의 선택에 대하여 분명하게 명시 하고있다. 즉 여기에서는 맹자가 개인의 사회에 대한 책임감을 매우 중요시하였음을 찾아볼 수는 있다. 그러나 여기서 간과해서는 안될 점은 바로 '소아'(小我)로부터 '대아'(大我)에 이르는 과정 가운데 도덕주체가 도덕실천을 하는 가운데 개인의 수양은 반드시 사회전체의 선을 위해야 한다는 필연성이 내포되어 있다는 사실이다.

(2) 가난을 해결하기 위해 관직에 나가는 문제

> 맹자가 말했다. 벼슬은 가난을 해결하기 위해서 하는 것이 아니지만, 때로는 가난을 해결하기 위해서 하는 경우가 있다. 아내를 얻는 것은 봉양을 받기 위해서가 아니지만 때로는 봉양을 받기 위한 것도 있다. 가난을 해결하기 위해서 하는 것은 높은 지위를 사양하고 낮은 지위에 처하며, 급료가 많은 것을 사양하고 급료가 적은 데에 처해야 하는 것이다. 높은 지위를

42) 『孟子』, 「盡心上」, "古之人, 得志, 澤加於民; 不得志, 修身見於世. 窮則獨善其身, 達則兼善天下."

> 사양하고 낮은 지위에 처하며 급료가 많은 것을 사양하고 적은 것에 처하는 것은 어떻게 하여야 마땅한가? 관문을 여닫거나 목탁을 치는 일이다. 공자가 일찍이 창고를 담당하는 관리가 되었을 때 말하기를 회계를 마땅하게 할 뿐이다 라고 했고, 일찍이 가축을 담당하는 관리가 되었을 때는 말하기 소와 양을 무럭무럭 살찌게 하고 자라게 할 뿐이다 라고 했다. 지위가 낮으면서 말을 높게 하는 것은 죄이고, 남의 조정에 서 있으면서 도(道)가 행해지지 않음은 부끄러운 것이다.[43]

주자(朱子)는 위의 인용문에 대한 주석 가운데 "벼슬함이 본래 도(道)를 행하기 위해서이나, 또한 집이 가난하고 부모가 늙었거나, 혹은 도(道)가 때와 맞지 않아 다만 급료를 받는 경우가 있다."[44]라고 하고 있다. 또한『韓詩外傳』에서는 "집이 가난하고 부모가 늙은 사람은 높은 벼슬의 관리가 되는 것을 선택할 수 없다."[45]

고대사회의 군자는 관직에 진출하는 것이 단지 가난을 해결하려는 이유 때문만이 아니고 궁극적으로는 '도'(道)를 천하에 실천하기 위해서 이다. 그렇지만 만일 천하에 '도'(道)가 없고 집이 가난하고 부모가 늙은 경우, 늙으신 부모를 봉양하

---

43)『孟子』,「萬章下」, "孟子曰: 仕非爲貧也, 而有時乎爲貧; 娶妻非爲養也, 而有時乎爲養. 爲貧者, 辭尊居卑, 辭富居貧. 辭尊居卑, 辭富居貧, 惡乎宜乎? 抱關擊柝. 孔子嘗爲委吏矣, 曰: 會計當而已矣. 嘗爲乘田矣, 曰: 牛羊茁壯長而已矣. 位卑而言高, 罪也. 立乎人之本朝而, 道不行, 恥也."

44) 朱熹撰,『四書章句集注』,「孟子集注」, 卷十, 海淵閣明刻本影印 참조.

45) 韓嬰撰,『韓詩外傳』, 卷第一, 第一章, 이 책은『龍谿精舍叢書』, 第一册, 北京, 中國書店, 1991年 에 수록되어 있음.

기 위해서 부득이하게 "가난을 해결하기 위해 관직에 나감"도 용인되었다.

그러나 가난을 해결하기 위해서 부득이하게 관직에 진출했기 때문에 높은 지위나 많은 보수를 추구할 수 가 없었던 것이다. 앞서 언급한 '명분에 맞는 지위에 있는 삶은 그에 상응하는 일을 도모해야 하고 책임을 져야한다.'에서와 같이 만일 높은 지위나 많은 보수를 받는다면 반드시 '도'(道)를 실천해야만 하는 책임을 져야만 한다. 늙은 부모를 봉양하기 위하여 부득이 하게 관직에 진출하게 되었다면 다만 낮은 지위의 관직을 맡아야만 하는데, 만일 높은 지위의 관직에 있으면서 '도'(道)를 실천하지 못한다면 그것은 바로 하는 일 없이 급료만 받는 경우가 될 것이다. 이러한 것이 가난을 해결하기 위해서 부득이하게 관직에 진출하는 것과 '도'(道)를 실천하기 위해서 관직에 진출하는 것 둘 사이의 이해관계가 충돌하는 상황에서 할 수 있는 적절한 선택인 것이다.

6) 개인의 사사로운 정과 공공의 규범에 관한 문제

앞 부분에서 논급한 문제는 나와 타인과의 관계확산 문제로 이것은 나와 다른 개인 및 나와 사회전체의 충돌문제를 포함하고 있다. 본 단락에서는 두 가지 윤리 사이의 충돌, 특히 인륜(人倫)의 사사로운 정과 공공의 규범 즉 가정윤리와 사회윤리의 충돌을 분석해보도록 하겠다.

만장(萬章)이 상(象)이 매일 순(舜)을 죽이려는 기도를 일삼았는데도 순이 즉위하여 천자가 되어서는 그를(죽이지 않고) 추방한 것은 무슨 이유 때문입니까? 라고 물었다. 맹자가 그를 제후로 봉한 것인데 어떤 사람들이 추방했다고 하는 것이다 라고 말했다. 만장이 순이 공공(共工)을 유주(幽州)에 유배시키고, 환도(驩兜)를 숭산(崇山)으로 추방하고, 삼묘(三苗)를 삼위(三危)에서 죽이고, 곤(鯀)을 우산(羽山)에서 죽이시어, 네 가지를 처벌하자 천하가 모두 복종한 것은 불인(不仁)한 자들을 처벌했기 때문입니다. 상(象)이 매우 불인(不仁)하였는데도 그를 유비(有庳)에 책봉하셨으니, 유비의 사람들이 무슨 죄를 지었기 때문입니까? 어진 사람도 본래 이와 같습니까? 타인의 경우에 있어서는 죽이고 동생의 경우에 있어서는 책봉하시는군요. 라고 말했다. 맹자가 어진 사람은 동생에 대하여 화난 마음을 오래 감추어두지 않으며 원망하는 마음을 묵혀두지 아니하고, 그를 내 자신처럼 여기고 사랑할 뿐이다. 그를 내 자신처럼 여긴다면, 그가 귀하게 되기를 바랄 것이고, 그를 사랑한다면 그가 부유해지기를 바랄 것이다. 그러니 그를 유비에 책봉한 것은 그를 부귀하게 만든 것이다. 자신은 천자가 되고 아우는 필부가 된다면 아우를 내 자신처럼 여기고 사랑한다고 할 수 있겠는가? 라고 말했다. 만장이 어떤 사람들이 추방하였다고 말한 것은 무엇을 의미하는 것인지 감히 묻겠습니다. 라고 하자 맹자가 상이 그 나라에서 좋은 정치를 할 수 없어서, 천자가 관리를 시켜 그 나라를 다스리게 하고 그 공물과 세금을 납부하게 하였기 때문에 그것을 추방한 것이라고 하는 것이다. 그러니, 어찌 그 백성들에게 난폭하게 할 수 있겠는가? 비록 그렇게 조치는 했지만 늘 동생을 보고싶어 했기 때문에 계속 오게 하였으니, 조공할 시기가 되지 않아서 정치적인 일로써 유비의 제후를 접견했다 라고 한 것은 이것을 말하는 것이다. 라

고 말했다.[46]

상(象)은 순(舜)임금의 아우의 신분으로 매일 순(舜)을 죽이려는 기도를 일삼은 '불인'(不仁)한 사람이었는데도, 순(舜)은 천자로 즉위한 후에 오히려 그를 유비(有庳)의 제후로 책봉한다. 그래서 만장(萬章)은 순(舜)임금이 자신의 동생이 '불인'(不仁)한 사람인 것을 알고 있으면서도 처벌하지 않고 오히려 그를 제후로 책봉한 행위는 그 지역의 백성들에게 해를 끼치는 것이라고 생각했다.

즉 만장은 순(舜)임금이 공공(共工)과 환도(驩兜)와 삼묘(三苗) 그리고 곤(鯤) 등 네 죄인을 모두 처벌했는데 어째서 유독 상(象)에 대해서만 다른 조치를 취했는지 의문스러웠으며, 설마 상(象)이 자신의 동생이라는 이유만으로 유비(有庳)의 백성들을 내버린 것이라는 생각까지 하게 된다. 그렇기 때문에 만장(萬章)은 순(舜)임금의 이러한 행위가 사적인 감정에 치우쳐 공익을 해친 경우라고 여기게 된 것이다.

맹자는 형제간의 정(情)은 천성(天性)의 정(情)이라고 생각

---

46) 『孟子』, 「萬章上」, "萬章問曰: 象日以殺舜爲事, 立爲天子, 則放之, 何也? 孟子曰: 封之也, 或曰放焉. 萬章曰: 舜流共工於幽州, 放驩兜於崇山, 殺三苗於三危, 殛鯤於羽山, 四罪而天下咸服, 誅不仁也. 象之不仁, 封之有庳. 有庳之人奚罪焉? 仁人固如是乎? 在他人則誅之, 在弟則封之. 曰: 仁人之於弟也, 不藏怒焉, 不宿怨焉, 親愛之而已矣. 親之欲其貴也, 愛之欲其富也. 封之有庳, 富貴之也. 身爲天子, 弟爲匹夫, 可謂親愛之乎? 敢問或曰放者, 何謂也? 曰: 象不得有爲於其國, 天子使吏治其國, 而納其貢稅焉, 故謂之放. 豈得暴彼民哉? 欲常常而見之, 故源源而來. 不及貢, 以政接於有庳, 此之謂也."

하여 고치거나 말살할 수 없는 것이며 천자 역시 이러한 정에 대해서는 일반 사람이나 천자나 다 같은 것이라고 생각했다.

또한 맹자는 어진 사람(仁人)은 형제에 대하여 화난 마음과 원망하는 마음을 오래 묵혀두지 않고 다만 내 자신처럼 사랑하는 정(情)이 있을 뿐이어서 천자의 신분으로 동생을 필부로 만들지 않는다는 것이다. 그래서 순(舜)임금은 이전에 상(象)이 자신을 죽이려고 했던 일을 마음 속에 담아두지 않은 것이다.

만일 순(舜)임금이 진정으로 상(象)에 대한 나쁜 감정이 남아있었다면 천자의 자리에 있으면서 무엇이 두려워 상(象)의 나쁜 행위들에 대한 제재를 가하지 않았겠는가? 순(舜)임금이 상(象)을 유비(有庳)지역의 제후로 책봉한 것은 "그를 사랑한다면 그가 부유해 지기를 바란다"라고 하는 형제의 정(情) 때문이다.

다른 한편으로는, 상(象)의 결점을 잘 알고 있었던 순(舜)임금은 그가 유비(有庳)의 백성들을 괴롭힐까 염려하여 다른 관리를 파견하여 동생의 유비(有庳)지역 통치를 돕게 하고, 자주 그를 불러 만나보았는데 이는 형제간의 정(情)을 유지하면서도 유비(有庳)지역의 백성들이 괴롭힘을 당하지 않도록 한 조치인 것이다.

맹자는 순(舜)임금의 이러한 조치는 인륜의 사사로운 정과 공공의 규범을 모두 살린 경우에 해당된다고 본 것이다. 그러나 다른 사례 가운데에서는 맹자가 과도하게 인륜의 정(情)

부분을 강조하지 않았나 하는 의혹을 살만한 부분도 있다.

> 도응(桃應)이 물었다. 순(舜)임금이 천자(天子)가 되고 고요(皐陶)가 사(士: 법을 집행하는 집행관)가 되었을 경우, 고수(瞽瞍)가 사람을 죽였다면 어떻게 되겠습니까? 맹자가 법을 집행할 뿐이다라고 말했다. 그렇다면 순임금은 법의 집행을 막지 않았을까요? 순임금이 어떻게 법의 집행을 막을 수 있겠는가? 고요는 살인자를 체포해야할 임무를 받은 바가 있는 것이다. 그렇다면 순임금은 어떻게 하겠습니까? 순임금은 천하를 버리기를 마치 헌신짝 버리는 것처럼 보고 몰래 업고 도망하여 바닷가를 따라 살면서 평생을 흔쾌히 즐거워하면서 천하를 잊으셨을 것이다.[47)]

이러한 상황 가운데에서 맹자는 법을 집행하는 사람 자체는 인륜의 사사로운 정(情) 때문에 공공의 규범을 버려서는 안 된다고 생각하였으며, 또 한편으로 그는 완전히 공공의 규범을 버려서 안 된다고 주장하면서 인륜의 사사로운 정(情)이 너무 커서 그것을 끊으려해도 끊을 수 없는 상황에 직면했을 때는 부득불 법을 집행하는 자로서의 신분을 버려야 만이 부자간의 정을 유지함과 동시에 법을 집행해야하는 위치에 있는 사람으로서 져야할 책임을 위반하지 않게 되는 것이다.

그렇다면 이와 같은 사회정의의 구현과 인륜의 사사로운

---

47) 『孟子』, 「盡心上」, "桃應問曰: 舜爲天子, 皐陶爲士, 瞽瞍殺人, 則如之何? 孟子曰: 執之而已矣. 然則舜不禁與? 曰: 夫舜惡得而禁之? 夫有所受之也. 然則舜如之何? 曰: 舜視棄天下, 猶棄敝蹝也. 竊負而逃, 遵海濱而處, 終身訢然, 樂而忘天下."

정을 동시에 충족시킬 수 있는 방법으로서 순(舜)임금이 택한 결정이 최선의 선택이라고 가정했을 때 다음과 같은 의문이 제기될 것이다. 즉 만일 모든 사람들이 다 자신의 책무를 버리고 아버지를 업고 도망간다면 사회정의는 도대체 어디에 존재한다는 것인가? 라고 하는 물음이 제기될 것이다. 이러한 문제에 관해서는 뒷 부분에서 좀더 심도 있게 논의하기로 하겠다.

이상과 같이 본 절에서 진행한 개별적인 사안들의 분석으로부터 전국시대에 생존했던 맹자가 도덕충돌의 문제에 직면하였을 때 어떠한 도덕선택을 했는지에 대해서 알아볼 수 있었으며, 또한 도덕충돌의 발생은 우리들의 일상생활 속에서 언제라도 일어날 수 있다는 사실을 알아볼 수 있었다.

제2부

맹자의 정치사상

왕도 정치사상

儒家정치사상의 가장 이상적인 형태는 군주가 '인의'(仁義)에 기초한 '인정'(仁政)을 시행하는 것이다. 이러한 '인정사상'(仁政思想)은 공자로부터 그 연원을 찾을 수 있으나 보다 완성된 형태는 맹자에 이르러 정립된다.

맹자의 이상적인 정치형태는 왕도정치라고 할 수 있는데, 이는 곧 군주가 인(仁)한 마음을 바탕으로 천하의 백성들에게 인정(仁政)을 베푼다는 정치형태를 말하는 것이다. 이러한 맹자의 왕도정치사상은 역대로 유가의 정치사상에 있어서 가장 이상적인 전범으로 자리잡아 왔다.

물론 유가의 정치이상은 공자의 정치사상이 그 근원이 된다고 할 수 있지만 공자의 정치사상은 완성된 형태의 정치사상이라고 언급하기에는 많은 부뷴에 있어서 보충해야힐 요소들이 산재해 있다. 특히 구체적인 '생민'(生民)정책에 대한 방안 및 혼란한 당시의 상황을 종식시킬 수 있는 정책 대안 등이 미비한 점이라고 말할 수 있는 것이다. 맹자는 이러한 공자 정치사상의 미비점들을 보완하여 좀더 구체적인 정치사상을 전개해 나간다. 그리고 맹자의 정치사상은 중국역사에 있어서 지난 2000여 년의 시간들 속에서 유가를 대표하는 정치사상으로 인식되어져 왔다.

맹자가 기획한 왕도정치사상의 이상은 천하를 안정시키는 것인데, 천하를 안정시키고자하는 군주는 먼저 백성들의 생명을 소중히 여기고 그들의 생활기반을 보장한 후에 도덕교육을 실시해야만 한다. 맹자는 이러한 정책을 시행한 군주를 왕자(王者)의 자격을 갖춘 것으로 보았다. 그러나 한 국가 내에서만 인정(仁政)을 실행해서는 왕도정치의 이상을 실현할 수는 없다고 보았는데, 이는 왕자(王者)의 사명은 학정(虐政) 속에서 고통받고 있는 천하의 백성들을 해방시키는 것에 있기 때문이다. 맹자는 백성들을 학정에서 해방시키는 것이야말로 진정한 왕도정치의 이상이라고 보았다.

유가의 정치이상이라고 할 수 있는 왕도정치사상에 관해서는 지난 시간들 속에서 많은 사람들에 의해 연구되어져 왔다. 그러나 맹자의 입장에서 당시의 시대상황 분석을 통해서 그가 현실의 정치문제를 개선하려고 내놓은 개혁방안에 대한 연구는 미진하다. 그래서 필자는 먼저 맹자의 입장에서 당시의 시대상황을 조명하고, 또한 맹자가 당시의 현실정치문제를 개선하려고 내놓은 개혁방안을 핵심개념들을 분석하는 방법으로 그 구체적인 사상내용을 재조명하고자 한다.

1. 정치사상의 핵심개념

먼저 유가정치사상의 핵심이라 할 수 있는 맹자 왕도정치 사상의 핵심개념을 살펴보겠다. 왕도정치의 핵심개념은 '王道'인데, 이 개념은 '霸道' 와 대칭 되는 개념으로의 '王道' 그리고 '天子'와 대칭(혹은 동일)되는 개념으로의 '王者'로 나눌 수 있다. 구체적으로 말해서 맹자에 있어서의 '王'은 어떤 의미를 함유하고 있는 것인가? 또한 맹자가 생각한 '王'은 어떤 자격을 갖추어야 하는 것인가?

'王'자는 맹자 이전의 문헌 속에서는 어떤 형태로 나타났는가? 『尙書』 속에 "비뚤어지거나 그릇됨이 없이 王이 정한 법을 따를 것이며, 사사로이 좋아하는 바가 없이 王이 정한 도리를 따를 것이며 사사로이 싫어하는 바가 없이 王이 정한 길을 따를 지어다. …… 王의길은 평탄할 수 있으며, …… 王의길은 평온한 것."[1]이라는 것과 『論語』 속에 "공자가 말하기를, 만일 王者가 있다하더라도 반드시 한세대가 지난 뒤에야 백성들이 仁해질 것이다."[2]는 용법이 있다. 이러한 용례에 근거해서 '王'의 개념이 맹자 이전에 이미 존재했음을 알 수 있다. 그렇지만 맹자에게 있어서의 '王'개념은 기본적으로 춘추시대 이래의 '王'개념을 계승하여 통치자에게 있어서의 도덕과 행동상의 최고경계였다.[3] 이러한 각도에서 본다면 맹자

---

1) 『尙書』, 「洪範」, "無偏無陂, 遵王之義, 無有作好, 遵王之道, 無有作惡, 遵王之路. …… 王道 蕩蕩, …… 王道平平."

2) 『論語』, 「子路」, "子曰: 如有王者, 必世而後仁."

3) 唐迪風, 『孟子大義』, 北京, 北平直隸書局, 1931년, 2쪽 참조.

의 '王'은 곧 일종의 맹자 사유의 결과라고 할 수 있다. 倉田信靖의 분류에 의하면 『孟子』속에 언급된 '王'의 용법은 여덟 종류로 나누어 질 수 있다.

> ① 王者의 조건은 仁이다.
> ② 王者는 巡守와 述職을 실행한다.
> ③ 王者는 다른 諸侯를 죽일 수 있다.
> ④ 王者는 오 백년에 한번 나타난다.
> ⑤ 王者는 善을 행한다.
> ⑥ 王者는 德을 기원한다.
> ⑦ 王者는 人倫을 존중한다.
> ⑧ 맹자는 자신이 살던 시대에 王者가 존재하지 않는다고 생각했다.[4)]

또한 맹자는 이러한 '王者'가 갖추어야할 세 가지의 특질이 있다고 생각하였는데, 그것은 첫째 혼란한 시대에 태어나야 하고, 둘째 仁政을 실시하여 백성들로부터 압도적인 지지를 받아야 하며, 셋째 무도한 군주를 죽임으로써 천하를 평정해야 한다는 것이다.[5)]

> 王者가 나타나지 않은 것이 이때보다 더 드물었던 적이 없었으며, 백성들이 학정에 시달려 초췌해진 것이 이 때 보다 더

---

4) 倉田信靖, 「『孟子』の"春秋天子之事也"に就いて」, 『日本中國學會報』 38輯, 日本中國學會, 1986年 20~22쪽 참조.

5) 倉田信靖, 「『孟子』の"春秋天子之事也"に就いて」, 『日本中國學會報』 38輯, 日本中國學會, 1986年 18~20쪽 참조.

심한 적이 없었다. …… 지금과 같은 때에 萬乘의 나라가 仁政을 시행한다면 백성들이 거꾸로 매달린 것에서 벗어난 것과 같이 기뻐할 것이다. 그러므로 노력은 옛 사람 보다 적게 하고 결과가 배가되는 것은 오직 이때가 그러할 것이다.[6]

여기에서 우리는 맹자가 周왕실을 존중하지 않은 문제에 대해 언급을 회피할 수 없다. 사실 중국에 전제정권이 성립된 이래 맹자가 周왕실을 존중하지 않은 문제는 자주 큰 논란을 불러 일으켰다.[7] 맹자에게 있어서 周왕실은 과연 마땅히 제거해야할 대상이었는가?

비록 『孟子』 속에서 맹자가 周나라 천자를 죽일 것을 권하는 기록은 보이지 않지만, 『孟子』 전체의 내용으로 보면 맹자는 周나라 천자가 자신의 이상 속에 있는 '王'의 특질과 조건을 갖추었다고 생각하지 않았다. 특히 주의해야할 점은, 맹자의 생각 속에 있는 '王'의 자격은 매우 실제적이라는 것이다.

첫째 맹자가 "萬乘의 나라가 仁政을 시행한다면 백성들이 거꾸로 매달린 것에서 벗어난 것과 같이 기뻐할 것이다." 라고 한 말은 강대국이 '왕자'(王者)가 되는 것은 비교적 쉬운 일 이라는 것을 뜻한다. 맹자는 말하기를 "제나라로써 왕도정치를 한다는 것은 손을 뒤집는 것과 같다." 그러나 당시의 약

6) 『孟子』, 「公孫丑上」, "王者之不作, 未有疎於此時也; 民之憔悴於虐政, 未有甚於此時者也. …… 當今之時, 萬乘之國行仁政, 民之悅之猶解倒懸也. 故事半古之人, 功必倍之, 惟此時爲然."

7) 近藤正則은 이러한 문제에 대해 매우 상세한 연구를 했다. 近藤正則, 「『讀余隱之尊孟辨』に見える朱子の孟子不尊周への對應」, 『日本中國學會報』 33輯, 日本中國學會, 1981年, 101~115쪽 참조.

소국이 '인정'(仁政)을 힘써 시행해도 "王者"를 이룬다는 것은 강대국에 비해 곤란한 점이 많았다.

> 진실로 착한 일을 하면 후세의 자손 중에 반드시 王者가 있을 것이니, 군자가 왕업을 창시하여 전통을 드리우는 까닭은 이어받을 수 있도록 하기 때문입니다. 공들인 것을 이루는 것과 같은 것은 하늘에 달려있는 것이니, 군주가 저들을 어떻게 하겠습니까? 힘써서 선을 해야할 따름입니다.[8)]

둘째 그렇다면 '萬乘'의 군주는 이미 '왕자'(王者)가 될 자격을 갖추었다는 말인가? 맹자와 제선왕(齊宣王)의 대화에서 보면 맹자는 제선왕(齊宣王)이 충분히 '왕자'(王者)의 자격을 갖추었다고 인정한다. 특히 맹자가 제선왕(齊宣王)에게 명당을 헐지 말 것을 건의하며 제선왕(齊宣王)을 '王'이라 불렀다.

이와 같이 볼 때 맹자는 周나라 왕을 제거할 것을 건의하지는 않았으나, 그의 생각 속에는 당시 '萬乘'의 周나라 군주가 '王者'의 자격을 갖추지 못했음을 알 수 있다. 그러나 이와 같다고 하더라도 우리는 역대 '왕권지상주의자'들의 지적처럼 맹자가 周 왕실을 존중하지 않았다고 보아서는 안되며,[9)] 당시의 시대적 추세의 각도에서 보아야 하는데 당시의 周 왕조는 실제적인 힘뿐만 아니라 정신적인 역량에서도 제

---

8) 『孟子』, 「梁惠王下」, "苟爲善, 後世子孫必有王者矣. 君子創垂統, 爲可繼也. 若夫成功, 則天也. 君如彼何哉? 强爲善而已矣."

9) 黃俊傑 主編, 『孟子思想的歷史發展』, 臺北, 中央研究院 中國文哲研究所籌備處, 1995年, 56~57쪽 참조.

후들에 대한 통제력을 상실한 상태였다. 가장 중요한 점은 맹자가 말한 제거 해야할 대상은 곧 백성들을 도탄에 빠지게 하는 모든 제후들을 의미하는 것이다.

'왕자'(王者)와 '패자'(覇者)사이에는 어떤 차이가 존재하는가? 맹자의 '왕도와 패도의 구분'(王覇之辨)문제에 관한 저작은 매우 많아서 일일이 다 열거할 수는 없지만, 굳이 이 문제에 대해 언급하자면 맹자는 '난세'에는 반드시 '왕자'(王者)가 나타날 것이라고 생각하였으나 齊桓公·晉文公등 '패자'(覇者)의 출현에 대하여는 문제삼을만한 것이 못되는 역사사실 일뿐이라고 생각했다. 바꿔 말하면 맹자는 "힘으로써 남을 복종시키는 자에게는 마음으로 복종하지 않는다."[10]는 사실을 믿었기 때문에 "힘으로써 仁을 표방하는"[11] '패자'(覇者)는 천하를 통일할 수 없다고 하였다. 그래서 맹자의 '一治一亂'의 순환적인 역사관에[12] 비춰보면 천하가 태평한 시기에서 난세로 전환되는 추세 속에서 '힘으로써 仁을 표방하는' 패도정치가 촉진되어 시대는 더욱 혼란하게 되는 것이다. 그러므로 맹자는 '패자'(覇者)를 '三王之罪人'으로 폄하하는 것이다. 결국 맹자의 논리에 비춰보면 '패자'(覇者)는 비록 "그러므로 노력은 옛사람에 비해 절반만 들이고도 효과는 반드시 배를 얻는" 시대에 출현하지만 맹자가 말한 '왕도정치'의 위업을 달성할 수 없었기에 '罪人'이라고 한 것이다.

---

10) 『孟子』, 「公孫丑上」, "以力服人者, 非心服也."

11) 『孟子』, 「公孫丑上」, "以力假仁."

12) 譚宇權, 『孟子學術思想評論』, 臺北, 文津出版社, 1995년, 20쪽 참조.

2. 현실문제에 대한 분석

여기에서 분석할 문제는, 맹자가 목격한 당시의 사회에는 어떠한 문제들이 발생한 것인가? 이러한 문제들의 원인은 무엇에 기인하는가? 또한 해결방법은 어떠한 것들이 있나?

먼저 맹자의 시야를 통해서 戰國時代 中期 일반백성들의 생활상태를 분석해보겠다.

1) 개와 돼지가 사람이 먹을 양식을 먹어도 단속 할 줄 모르며, 길에 굶어죽은 시체가 있어도 창고를 열 줄 모른다.「梁惠王上」
2) 백성들은 굶주린 기색이 있고, 들에는 굶어죽은 시체가 있다.「梁惠王上」
3) 저들이 백성들의 농사철을 빼앗아 백성들로 하여금 밭 갈고 김매어 그 부모를 봉양하지 못하게 하면 부모가 얼고 굶주리며, 형제와 처자가 헤어져 흩어질 것입니다. 저들이 그 백성을 도탄에 빠뜨리거든.「梁惠王上」
4) 어찌 우리들로 하여금 이렇게 곤궁한 지경에 이르게 하는가? 부자간에 서로 보지 못하며 형제처자가 헤어져 흩어지게 되는구나.「梁惠王下」
5) 사슴을 죽인 자의 죄가 사람을 죽인 죄와 같다고 하니 이는 사방 40리로 나라가운데에 함정을 만든 것이니, 백성들이 크다고 여기는 것이 또한 마땅치 않습니까?「梁惠王下」
6) 흉년이 들거나 굶주린 해에 군주의 백성들이 노약자들은 사체가 도랑과 골짜기에 뒹굴고 장성한자들은 흩어져서 사방으로 간자가 몇 천명이나 된다.「梁惠王下」

7) 백성들이 학정에 시달려 초췌해진 것이 이때보다 더 심한 적이 있지 않았다.「公孫丑上」

이상의 인용문을 통해서 우리는 전국시대의 기층촌락이 붕괴의 위기에 처한 상황 속에서, 특히 흉년이 들었을 때에 백성들의 생활이 부자지간에 서로 보지도 못하고 형제처자가 헤어져 흩어지고 노약자의 시체가 구덩이에 뒹굴고 장성한자들이 흩어지고 백성들을 해치는 풍조가 만연했음을 발견할 수 있다.

그렇다면 이러한 공동체붕괴를 발생시키는 까닭은 무엇인가? 맹자는 백성들에 대한 과중한 세금과 노역 · 전쟁에의 동원 그리고 제후들의 산림과 호수의 자연자원의 독점 때문이라고 하였다. 각 제후들의 이러한 학정은 제후들이 자신의 사리사욕을 추구한 결과로서,[13] 만일 "토지를 개척하여 진나라와 초나라에 조회를 받고 중국에 군림하여 사방의 오랑캐를 어루만지는"[14]등의 큰 야망을 가진 제후일 경우 백성들에 대한 착취의 정도는 "집의 높이가 몇 길이나 되고 서까래 머리가 몇 자되고……음식이 사방한길 정도로 진열되며 시중드는 사람이 수백 명"[15]인 경지에 이르렀다.

맹자는 각 국의 제후들이 자행한 '학정'이 두 가지의 결과를 초래했다고 생각했다. 첫째 맹자는 이러한 제후들이 백성

13) 葉經柱,『孟子之民本主義』, 臺北, 正中書局, 1990년, 38쪽 참조.

14)『孟子』,「梁惠王上」, "欲辟土地, 朝秦楚, 莅中國而撫四夷."

15)『孟子』,「盡心下」, "堂高數仞, 榱題數尺, …… 食前方丈, 侍妾數百人."

들을 희생시켜 만든 번영은 매우 취약한 것이라고 날카롭게 지적했다. 맹자는 鄒穆公에게 다음과 같이 경고한다.

> 흉년이 들거나 굶주린 해에 임금의 백성들이 노약자들은 도랑과 골짜기에 뒹굴고 장성한자들은 흩어져서 사방으로 간자가 몇 천명이나 되는데도 임금님의 창고는 차있으며 재화를 넣어두는 창고는 가득하나 관리가운데 그 사실을 보고한자가 없었으니, 이는 윗사람들이 태만해서 아랫사람들을 해친 것입니다. 증자는 "경계하고 경계하라! 너에게서 나온 것은 너에게로 돌아간다." 하였으니 대저 백성들은 지금 이후에야 갚을 수 있었습니다.[16]

또한 맹자는 백성들을 잔인하게 학대하는 국가 역시 멸망하게 된다고 한다.

> 자신의 백성에게 난폭하게 하는 것이 심하면 몸이 시해 당하고 나라가 망하며, 심하지 아니하면 몸이 위태롭게 되고 나라가 삭감된다. 이름 붙이기를 幽나 厲라고 하게되면 비록 孝子와 慈孫이라도 영원히 고칠 수 없다. 『詩經』에: "은나라가 거울삼아야할 것은 멀리 있지 않다. 하나라 시대에 있는 것이다." 하였으니, 이것을 말한 것이다.[17]

---

16) 『孟子』, 「梁惠王下」, "凶年飢歲, 君之民, 老弱轉乎溝壑, 壯者散而之四方者, 幾千人矣. 而君之倉廩實, 府庫充, 有司莫以告, 是上慢而殘下也. 曾子曰: '戒之! 戒之! 出乎爾者, 反乎爾者也.' 夫民今而後得反之也."

17) 『孟子』, 「離婁上」, "暴其民甚, 則身弒國亡. 不甚, 則身危國削. 名之曰: '幽厲' . 雖孝子慈孫, 百世不能改也. 詩云: '殷鑑不遠, 在夏后之

이렇게 백성들이 인심하고 살 수 없는 세태 속에서 맹자는 '왕자'(王者)가 곧 나타날 것이라고 확신을 한다.

맹자의 역사관은 王者→天子→暴君으로, 그리고 다시 暴君에서 王者로 돌아가는 순환적인 구조를 가지고 있다. 맹자는 이러한 순환 속에서 王者의 역할을 발휘하는 사람은 오 백년만에 한번 출현한다고 생각했는데, 그 실례로 堯・舜・湯・文・武를 들었다.

> 堯舜으로부터 湯王에 이르기까지가 오백여 년이니, 禹와 皐陶는 직접 보고서 그 道를 알았고, 湯은 들어서 알았다. 湯으로부터 文王에 이르기까지가 오백여 년이니, 伊尹과 萊朱는 직접 보고서 알았고, 文王은 들어서 알았다, 文王으로부터 공자에 이르기까지가 오백여 년이니, 太公望과 散宜生은 직접 보고서 알았고, 공자는 들어서 알았다. 공자로부터 그 이래로 오늘에 이르기까지가 백여 년이니, 聖人의 세대와의 거리가 이와 같이 멀지 않으며, 聖人이 거주한곳과 가까운 것이 이와 같이 심하되, 그런데도 아무것도 없으니, 그렇다면 또한 아무것도 없을 것인가![18]

또한

世.' 此之謂也."

18) 『孟子』, 「盡心下」, "由堯舜至於湯, 五百有餘歲. 若禹皐陶則見而知之, 湯則聞而知之. 由湯至於文王, 五百有餘歲. 若伊尹萊朱, 則見而知之, 若文王則聞而知之. 由文王至於孔子, 五百有餘歲. 若太公望散宜生, 則見而知之, 若孔子則聞而知之. 由孔子而來至於今, 百有餘歲, 去聖人之世若此其未遠也, 近聖人之居若此其甚也. 然而無有乎爾! 則亦無有乎爾!"

> 堯舜이 이미 별세하시니, 聖人의 道가 쇠하여 폭군이 대대로 나와서 백성들의 집을 헐어서 웅덩이와 연못을 만들었으므로 백성들이 편안히 쉴 곳이 없었고, 밭을 버려 동산을 만들어 백성들로 하여금 입고 먹을 수 없게 만들었으며, 비뚤어진 학설과 포악한 행동이 또 일어나고, 동산·웅덩이·못·늪 등이 많아져서 짐승이 이르게되어, 紂의 시대에 이르러서는 천하가 또 크게 어지러워 졌다.[19]

맹자가 여기에서 묘사한 商代말기의 시대상황과 맹자가 직접 목격한 당시의 상황은 거의 비슷하며, 정도가 더 심한 경우에 대해 맹자는 다음과 같이 말했다.

> 周公이 武王을 도와 紂를 죽이고 奄나라를 정벌한지 3년 만에 그 군주를 죽이고 飛廉을 바다 모퉁이로 몰아내어 죽이니, 멸망시킨 나라가 50개였고, 범·표범·코뿔소·코끼리를 몰아내어 멀리 쫓으니, 천하가 크게 기뻐하였다.[20]

맹자가 언급한 바에 의하면 周公과 武王이 멸망시킨 나라는 商나라 뿐만 아니라 50개국이 더 있었다. 그러므로 맹자의 입장에서 보면 백성들을 학대하는 정치를 하고 천하를 큰 혼란 속으로 빠뜨리는 諸侯·大夫들은 모두 반드시 '王者'에 의

---

19) 『孟子』, 「滕文公下」, "堯舜旣沒, 聖人之道衰. 暴君代作, 壞宮室以爲汙池, 民無所安息; 棄田以爲園囿, 使民不得衣食. 邪說暴行又作, 園囿汙池, 沛澤多而禽獸至. 及紂之身, 天下又大亂."

20) 『孟子』, 「滕文公下」, "周公相武王, 誅紂伐奄, 三年討其君, 驅飛廉於海隅而戮之, 滅國者五十; 驅虎豹犀象而遠之, 天下大悅."

해서 소멸될 대상들이었다.

그렇다면 과연 누가 '王者'가 될 자격이 있는 것인가? 바꿔 말하면 어떠한 정치를 실행해야만 비로소 '王者'가 될 수 있는 것인가. 이러한 물음에 대해 맹자의 대답은 매우 간단하다. 즉 '왕도정치'(王道政治)를 실행하는 자이다. 왕도정치는 '인정'(仁政)이라고 말할 수 있다. 그럼 도대체 맹자가 제창하는 '仁政'이란 과연 어떠한 정치형태를 의미하는 것인가.

3. 이상적인 정치개혁 방안

맹자의 정책 시행에 관한 청사진은 「梁惠王」·「公孫丑」등 여러 곳에서 찾아볼 수 있는데, 맹자와 梁惠王·齊宣王의 대화 속에서 다음의 세 가지 방향으로 귀납할 수 있다.

> 1) 齊宣王이 물었다. 齊桓公과 晉文公의 일을 들을 수 있겠습니까? 맹자께서 대답했다. 仲尼의 제자들은 제환공과 진문공의 일을 언급하지 않습니다. 이 때문에 후세에 전해지는 것이 없으니, 臣이 아직 듣지 못했습니다. 그만두지 말라고 하신다면 王道를 말하겠습니다. 말하기를, 德이 어떠하면 왕도를 실행할 수 있습니까? 말하기를, 백성을 보호하고 왕도를 실행한다면 이를 막을 수 있는 사람이 없습니다.[21]

21) 『孟子』, 「梁惠王上」, "齊宣王問曰: 齊桓晉文之事, 可得聞乎? 孟子對曰: 仲尼之徒, 無道桓文之事者, 是以後世無傳焉, 臣未之聞也. 無以, 則王乎. 曰: 德何如, 則可以王矣? 曰: 保民而王, 莫之能禦也."

2) 농사철을 어기지 않게 하면 곡식을 이루 다 먹을 수 없으며, 촘촘한 그물을 웅덩이와 연못에 넣지 않으면 물고기와 자라를 이루 다 먹을 수 없으며, 도끼를 알맞은 때에 山林에 들여놓으면 재목을 이루 다 쓸 수 없을 것입니다. 곡식과 물고기와 자라를 이루 다 먹을 수 없으며, 재목을 이루 다 쓸 수 없으면 이는 백성으로 하여금 산사람을 봉양하고 죽은 사람을 장사 지내는데 유감이 없게 하는 것이니, 산사람을 봉양하고 죽은 사람을 장사 지내는데 유감이 없게 하는 것이니, 산사람을 봉양하고 죽은 사람을 장사 지내는데 유감이 없도록 하는 것이 王道의 시작입니다. [22]

3) 五畝의 집 가장자리에 뽕나무를 심으면 50세 된 자가 비단옷을 입을 수 있으며, 닭·돼지·개·큰 돼지를 기르는데 그 때를 잃음이 없으면 70세 된 자가 고기를 먹을 수 있으며, 百畝의 밭에 그 농사지을 때를 빼앗지 아니하면 몇 식구의 집안이 굶주림이 없을 수 있으며, 庠序의 가르침을 신중히 하고, 거듭하기를 孝悌의 의리로써 한다면, 머리가 반백이 된 자가 도로에서 지거나 이지 않을 것입니다. 70세 된 자가 비단옷을 입고 고기를 먹으며, 일반백성들이 굶주리지 않고 춥지 않게 되고서도 왕도정치를 하지 못하는 자는 있지 않습니다.[23]

---

22) 『孟子』, 「梁惠王上」, "不違農時, 穀不可勝食也; 數罟不入洿池, 魚鼈不可勝食也; 斧斤以時入山林, 材木不可勝用也. 穀與魚鼈不可勝食, 材木不可勝用, 是使民養生喪死無憾也. 養生喪死無憾, 王道之始也."

23) 『孟子』, 「梁惠王上」, "五畝之宅, 樹之以桑; 五十者可以衣帛矣; 雞豚狗彘之畜, 無失其時, 七十者可以食肉矣; 百畝之田, 勿奪其時, 數口之家, 可以無飢矣. 謹庠序之敎, 申之以孝悌之義, 頒白者不負戴於道路矣. 老者衣帛食肉, 黎民不飢不寒, 然而不王者, 未之有也."

위에 서술된 내용의 핵심은 다음과 같다.

① 전쟁의 재해로부터 백성들을 보호함. (保民)[24]
② 백성들의 住食을 보장하여 촌락공동체를 재생시킴. (養民)[25]
③ 백성들을 교화시켜 이상적인 공동체를 창조함. (敎民)[26]

먼저, '보민'(保民)에 대하여 살펴보겠다.

맹자는 당시의 제후들이 일으킨 전쟁에 의해 죽은 백성들에 대해 매우 동정적인 태도를 갖는다. 그래서 그는 제후들에게 경고를 할 뿐만 아니라 학정 속에서 신음하고있는 백성들에게 제후들에 대하여 반항할 수 있는 가능성을 언급함과 동시에 "차마 하지 못하는 마음" (不忍之心)을 새롭게 정의하는 것으로부터 즉 '인'(仁)의 관점으로부터 제후들에게 생명의 소중함을 일깨운다.

> 梁惠王이 말하기를, 과인은 마음을 편안히 해서 가르침을 받들기를 원합니다. 라고 하자, 맹자께서 대답했다. 사람을 죽임에 몽둥이와 칼날을 사용하는 것이 차이가 있습니까? (梁惠王이) 말하기를 차이가 없습니다. (죽이기를) 칼날과 정치를 가지고 하는 것이 차이가 있습니까? (梁惠王이) 말하기를 차이가 없습니다. (孟子가)말하기를 (왕의)푸줏간에는 살진 고기가 있고, 마구간에는 살찐 말이 있으면서, 백성들은 굶주린 기색이

24) 劉鄂培, 『孟子大傳』, 北京, 淸華大學出版社, 1998년, 202쪽 참조.
25) 蔡仁厚, 『孔孟荀哲學』, 臺北, 學生書局, 1990년, 313~314쪽 참조.
26) 許宗興, 『孟子的哲學』, 臺北, 臺灣商務印書館, 1989년, 268쪽 참조.

있고 들에는 굶어 죽은 시체가 있다면, 이것은 짐승을 몰아서 사람을 잡아먹게 한 것입니다. 짐승끼리 서로 잡아먹는 것도 사람들은 미워하는데, 백성들의 부모가 되어 정치를 행하되 짐승을 몰아서 사람을 잡아먹게 하는 것에서 벗어나지 못한다면 백성들의 부모라고 할 수 있겠습니까? 仲尼께서 말씀하시기를 처음으로 俑을 만든 자는 후손이 없을 것이다. 하셨으니, 사람을 본떠서 사용하였기 때문입니다. 왜 백성들을 굶어 죽게 만듭니까?[27)]

맹자는 齊宣王이 희생에 쓰일 소를 동정하는 것을 찬양하며 "臣은 본래 왕이 차마 그렇게 하지 못한 것을 알고 있습니다." 라고 언급한 후에, 다시 齊宣王을 일깨우며 말하기를 "지금 은혜가 금수에게까지 미치지만 그 효과가 백성에게 이르지 아니하는 것은 유독 어찌해서 입니까?" 「梁惠王上」라고 했다. 또한 梁惠王의 '불인'(不仁)에 대해서 맹자는 매서운 비판을 한다.

不仁하도다 梁惠王이여! 仁者는 그 사랑하는 것으로써 그 사랑하지 아니하는 것에까지 파급시키고, 不仁者는 그 사랑하지 아니하는 것으로써 그 사랑하는 것에까지 파급시킨다. 公孫丑가 말했다. 무슨 말씀이십니까? 梁惠王이 토지 때문에 그 백

---

27) 『孟子』, 「梁惠王上」, "梁惠王曰: 寡人願安承教. 孟子對曰: 殺人以挺與刃, 有以異乎? 曰: 無以異也. 以刃與政, 有以異乎? 曰: 無以異也. 曰: 庖有肥肉, 廏有肥馬; 民有飢色, 野有餓莩; 此率獸而食人也! 獸相食, 且人惡之; 爲民父母行政, 不免於率獸而食人, 惡在其爲民父母也? 仲尼曰: '始作俑者, 其無後乎!' 爲其象人而用之也. 如之何其使斯民飢而死也?"

성을 썩어문드러지게 하면서 싸우게 하였다가 크게 패하고는, 곧 복수하려고 하되, 이기지 못할까 두려워하였기 때문에 그 사랑하는 자제를 내몰아서 따라 죽게 했으니, 이것을 그 사랑하지 아니하는 것으로써 그 사랑하는 것에까지 파급시킨다고 하는 것이다.[28]

맹자는 진일보하여 제후들에게 임의로 전쟁을 일으키지 말 것을 호소하는데, 그는 梁惠王의 "天下가 어떠한 상태에서 안정되겠습니까?"라는 질문에 대해 "사람 죽이기를 좋아하지 아니하는 자가 하나로 통일할 수 있을 것입니다."라고 대답하며, 또한 「告子下」·「離婁上」의 두 곳에서 말하기를 "백성을 가르치지 아니 하고서 (전쟁에)쓰는 것을 백성에게 재앙을 입히는 것이라고 한다.", "땅을 다투어 싸워서 사람들을 들에 가득하게 죽이며, 성을 다투어 싸워서 사람을 城에 가득하게 죽이는 것에 있어 서랴! 이는 이른바 토지를 거느려 사람의 고기를 먹게 하는 것이다." 즉 맹자는 梁나라와 齊나라를 '戰國七雄'중의 강대국으로 여기고 梁惠王 및 齊宣王에게 주동적으로 전쟁을 일으키지 말 것을 권고하여 천하에 평화가 회복되는 가운데 '보민'(保民)의 목적을 이룰 수 있다고 보았다.[29]

28) 『孟子』, 「盡心下」, "不仁哉, 梁惠王也! 仁者以其所愛, 及其所不愛; 不仁者以其所不愛, 及所愛. 公孫丑曰: 何謂也? 梁惠王以土地之故, 糜爛其民而戰之, 大敗, 將復之, 恐不能勝, 故驅其所愛子弟以殉之. 是之謂以其所不愛, 及其所愛也."

29) 郎擎霄, 『孟子學案』, 上海, 商務印書館, 1928년, 98쪽 참조.

그렇다면 약소국의 상황은 어떠한가? 그들이 주동적으로 전쟁을 일으키지 않는다고 하여도 늘 임전태세를 갖추어야 하는데 그것은 강대국이 수시로 약소국을 침략할 가능성이 있기 때문이니, 宋나라·滕나라등의 약소국의 우려는 바로 이 점에 있었다. 이러한 약소국 제후들의 우려에 대해 맹자는 세 가지의 처방을 내놓는다. 이때 우리는 이러한 처방들 사이에 첨예한 긴장관계가 존재함을 발견할 수 있다.

첫째는 왕도정치를 지속적으로 펴나가는 것이다. 우리는 잠시 맹자와 만장(萬章)의 대화를 살펴보지 않을 수 없다. 만장(萬章)의 "송나라는 약소국입니다. 이제 장차 왕도정치를 행하려하니, 齊나라와 楚나라가 그것을 싫어하여 공격하면 어떻게 합니까?" 「滕文公下」라는 질문은 매우 당연한 문제 제기였다. 이에 대하여 맹자는 우선 湯王이 葛伯을 정벌한 이야기를 인용한 후에 충만한 자신감으로 말한다.

> 왕도정치를 하지 않는 다고 하면 그 뿐이거니와, 진실로 왕도정치를 행한다면 四海 안의 모든 사람들이 머리를 들고 우러러 볼 것이며 군주를 삼고자 할 것이니, 齊나라와 楚나라가 비록 크지만 무엇을 두려워하겠는가![30]

위의 인용문을 통해서 알 수 있듯이 맹자는 만장(萬章)의 질문에 정면으로 대답하지 않는다. 만장(萬章)이 한 질문의 핵심은 "만약 齊나라와 楚나라가 宋나라를 공격한다면 어떻게

---

30) 『孟子』, 「滕文公下」, "不行王政云爾. 苟行王政, 四海之內, 皆擧首而望之, 欲以爲君; 齊楚雖大, 何畏也!"

합니까?"에 있었으며, 맹자의 대답은 "왕도정치를 실행하기만 한다면 齊나라와 楚나라의 공격을 두려워 할 필요가 없다"는 것이었다. 이러한 맹자의 대답은 梁惠王과 齊宣王에게 말한 것과 같은 맥락으로 매우 낙관적인 가설에 기초한 것으로 약소국이 처한 곤경을 직시한 것이 아니다.

둘째는 왕도정치를 시행하면서 한편으로는 강대국에 순종하는 것이다.

> 천하에 道가 있을 때는 德이 작은 사람이 德이 큰 사람에게 부림을 받고 조금 현명한 사람이 크게 현명한 사람에게 부림을 받는다. 천하에 道가 없을 때는 작은 사람이 큰 사람에게 부림을 받고 힘이 약한 사람이 센 사람에게 부림을 받는다. 이 두 가지는 天이니, 天을 따르는 자는 살고 天을 거스르는 자는 죽는다. 齊景公이 말하기를 "이미 명령할 수 없으니, 또한 명령을 받지 아니하면 이는 남과의 관계를 끊는 것이다." 하고는 눈물을 흘리면서 吳나라에 딸을 시집 보냈다. 지금 약소국이 강대국의 소행을 본받으면서 명령받는 것을 부끄러워 하니, 이는 제자이면서 스승에게 명령받는 것을 부끄러워하는 것과 같다. 만일 그것을 부끄러워한다면 文王을 본받는 것만 못하니, 큰 나라는 5년, 작은 나라는 7년이면 반드시 천하에서 다스리게 될 것이다.[31]

---

31) 『孟子』, 「梁惠王下」, "天下有道, 小德役大德, 小賢役大賢; 天下無道, 小役大, 弱役强, 斯二者, 天也. 順天者存, 逆天者亡. 齊景公曰: '旣不能令, 又不受命, 是絕物也.' 涕出而女於吳. 今也, 小國師大國, 而恥受命焉, 是猶弟子而恥受命於先師也. 如恥之, 莫若師文王. 師文王, 大國五年, 小國七年, 必爲政於天下矣."

위의 인용문에서 맹자가 언급한 “文王之政”을 “약소국이 강대국에게 순종하는 한편, 다른 한편으로는 왕도정치를 실행하면 7년 후에는 천하에서 호령할 수 있다.”로 해석할 수 있는데, 이는 ‘왕도정치’를 시행하고 다시 강대국에게 복종한다는 것이기 때문에, 이러한 정책의 청사진은 첫 번째 청사진과 비교 할 때 약간은 실제적인 요소가 있다고 할 수 있다. 그러나 “왕도정치를 시행하는 한편 강대국에게 복종한다.”면 과연 강대국의 침략을 피할 수 있는 것인가? 滕文公은 왕도정치를 시행해야 하는 한편 강대국에게 복종해야만 하는 어려움 속에서 어쩔 수 없음을 통감하면서, 맹자에게 묻기를 “滕나라는 약소국입니다. 힘써 강대국을 섬기지만 침략을 면할 수 없으니, 어떻게 해야 합니까?” 「梁惠王下」이에 대한 맹자의 대답은 영토를 버리고 도주하라는 것이었다.

> 狄人들이 원하는 것은 우리의 토지다. 내가 들으니 君子는 사람을 기르기 위한 것을 가지고 사람을 해치지는 아니한다고 하였다. 여러분들은 임금이 없다고 무슨 걱정이겠는가? 나는 장차 떠나리라.[32]

셋째로 맹자는 滕文公에게 무력으로서 강대국의 침략에 대항할 것을 건의한다. 위의 인용문에 이어서 맹자는 다음과 같이 말했다:

---

32) 『孟子』, 「梁惠王下」, “狄人之所欲者, 吾土地也. 吾聞之也, 君子不以其所以養人者害人, 二三子何患無君, 我將去之.”

어떤 이는 말하기를, "대대로 지켜오는 것이므로 자신이 마음대로 할 수 있는 것이 아니니, 죽음을 바치더라도 떠나지 말라." 하니, 임금께서는 이 두 가지 중에서 선택하소서.[33)]

위의 인용문에서 "죽음을 바치더라도 떠나지 말라"에 관해서 맹자는 그 구체적인 내용을 설명한다.

滕文公이 물었다. "滕나라는 작은 나라로 齊나라와 楚나라 사이에 끼여 있으니, 齊나라를 섬길까요? 楚나라를 섬길까요?" 맹자께서 대답했다. "이러한 계책은 내가 미칠 수 있는 바가 아닙니다. 그만두지 말라고 한다면 하나의 방법이 있으니, 이 못을 파고 이 성을 쌓아 백성과 함께 지켜서 죽음을 바치더라도 백성들이 떠나가지 않는다면 이는 해볼 만합니다.[34)]

결국 강대국의 침략을 방어하기 위해서 약소국의 제후는 반드시 백성을 동원하여 국가를 방위해야만 하는 까닭에 백성들은 역시 전쟁터로 내몰려 죽게된다. 비록 이러한 것이 맹자가 지적한 '침략전쟁'은 아닐 지라도, 우리가 '보민'(保民)의 관점을 고려한다면 맹자 '왕도정치'사상 가운데에 있어서 '보민'(保民)이상은 곧 중대한 곤경에 빠지게된다. 맹자의 '보민'(保民)이상의 곤경은 이곳에만 있는 것은 아니다, 즉 우리는

---

33) 『孟子』, 「梁惠王上」, "或曰: '世守也, 非身之所能爲也, 效死勿去.' 君請擇於斯二者."

34) 『孟子』, 「梁惠王下」, "滕文公問曰: 滕, 小國也, 閒於齊楚. 事齊乎? 事楚乎? 孟子對曰: 是謀非吾所能及也. 無已, 則有一焉: 鑿斯池也, 築斯城也, 興民守之, 效死而民弗去, 則是可爲也."

고향을 벗어남이 없게되면 고향 땅의 정지를 함께 하는 자들이 출입할 때 서로 벗하며, 지키고 망볼 때 서로 도우며 질병이 있을 때 서로 돌볼 것이다."[38]의생활을 실현하여 '백성들이 친목하게되는'이상을 달성하기 위해서 이다. 이러한 '정전제도'의 내용에 대하여 맹자가 내놓은 정책의 청사진은 다음과 같이 매우 분명하다.

> 사방 1리가 되면 정지가 되는 것이니, 9백 畝를 정자로 나누어 그 가운데가 공전이 된다. 여덟 집에서 모두 백 畝씩을 사전으로 받는데, 함께 공전을 가꾸어 공전의 일이 끝난 뒤에 감히 사전의 일을 다스리게 되는 것이니 야인을 구별하기 위한 것이다.[39]

위에서 서술한 맹자 정'전제도'의 목적과 내용을 분석하면 다음과 같은 사실을 발견할 수 있다.

첫째로 '정전제도'가 의도하는 바는 여덟 가구를 기층 단위로 한 촌락공동체를 회복하여 농민의 기본생활을 확보한다는 것이다.

둘째로 '여덟 식구의 집'·'여덟 가구 모두 백畝의 땅을 소유함'·'남는 이십 오畝'의 문구에서 맹자의 '정전제도'는 한 부부의 소가족을 전제로 하여 설계되었다는 사실이다.

38) 『孟子』, 「滕文公上」, "死徙無出鄕, 鄕田同井, 出入相友, 守望相助, 疾病相扶持."

39) 『孟子』, 「滕文公上」, "方里而井, 井九百畝, 其中爲公田; 八家皆私百畝, 同養公田. 公事畢, 然後敢治私事. 所以別野人也."

이와 같이 보면 우리는 맹자 '정전제도'의 최종목표가 소가족위주의 촌락공동체를 회복하는데 있다고 생각할 수 있다. 만일 '정전제도'의 "사방 1리가 되면 정지가 되는"·"구백 畝를 정자로 나누어"등의 형식적인 문제를 피해 언급하지 않는다면, 우리는 정전제도가 맹자의 몽상이 아니고 그가 당시의 소가족제도가 점차 형성되어 가는 역사적인 추세와 긴밀하게 배합하여 내놓은 개혁의 청사진이라고 말할 수 있을 것이다.

맹자의 '양민'(養民)이상의 두 번째 내용에 관해서는 그가 梁나라와 齊나라등 강대국의 군주들에게 내놓은 이상적인 정책 속에 나타나 있다.

> 齊宣王이 물었다. "文王의 동산이 사방 70리라 하니 그러한 사실이 있습니까?" 맹자께서 대답했다. "傳에 그러한 것이 있습니다." 말하기를 "이와 같이 큽니까?" 말하기를 "백성들이 오히려 작다고 여겼습니다." 말하기를 "과인의 동산은 사방 40리로되 백성들이 오히려 크다고 여기는 것은 어째서 입니까?" 말하기를 "文王의 동산은 사방 70리인데 꼴 베고 나무하는 자들이 거기에 가며 꿩을 잡고 토끼를 잡는 자들이 거기에 가게 되어, 백성과 더불어 함께 하였으니 백성들이 작다고 생각하게 된 것도 또한 마땅하지 않습니까? 내가 처음 국경에 이르러 나라에서 크게 금지시키는 것을 물은 연후에 감히 들어왔습니다. 내가 듣기에 교외의 관문 안에 동산 사방 40리가 있는데 그 동산의 사슴을 죽인 죄가 사람을 죽인 죄와 같다고 하니 이는 사방 40리로 나라 가운데에 함정을 만든 것이니, 백성들이 크다고 여기는 것이 당연하지 않습니까?[40]

위의 인용문에서 우리는 齊나라의 "크게 금지시키는 것"이 모든 산림자원을 의미하는 것인지를 판단할 수 는 없으나, 당시 齊나라가 산림자원의 관리에 대해서 매우 엄격했음을 알 수 있다.[41] 이러한 상황 속에서 백성들의 생활공간과 생계수단은 점차 새롭게 국가의 독점에 의해서 침해되어 가는 지경에 이르러 결과적으로 백성들은 납세와 부역의 고통을 감내해야할 뿐만 아니라 산림자원을 이용할 수 있는 권리마저도 박탈 당하게된다. 그러므로 농사에 의지하는 농민들은 흉년이 들게되면 당연히 노약자들이 부득이하게 굶어죽어 구덩이에 뒹구는 상황이 발생하게 되는 것이다. 맹자는 군주들이 산림자원을 독점하여 백성들이 동산에 들어가는 것을 제한하는 것은 함정과 다르지 않다고 생각한 것이다.

'양민'(養民)이상의 세 번째 내용은 곧 상업정책에 관련된 것이다. 맹자가 상업정책에 관하여 언급한 부분은 많지는 않지만 상업사상에 관계되는 것으로 보여지는 부분은 다음과 같다.

---

40) 『孟子』, 「梁惠王下」, "齊宣王問曰: 文王之囿, 方七十里, 有諸? 孟子對曰: 於傳有之. 曰: 若是其大乎? 曰: 民猶以爲小也. 曰: 寡人之囿, 方四十里, 民猶以爲大, 何也? 曰: 文王之囿, 七十里, 芻蕘者往焉, 雉兎者往焉, 與民同之; 民以爲小, 不亦宜乎? 臣始至於境, 問國之大禁, 然後敢入. 臣聞郊關之內, 有囿方四十里, 殺其麋鹿者, 如殺人之罪. 則是方四十里, 爲阱於國中; 民以爲大, 不亦宜乎?"

41) 「梁惠王下」에서 맹자가 "못이나 통발로 물고기 잡는 도랑에 대해 금지시키는 것이 없으며"라고 한 말을 고려한다면, "금지시키는 것이 없는"다는 말은 '사슴' 등 큰 동물을 포함할 뿐만 아니라 또한 마땅히 많은 산림자원을 포함 시켜야한다.

시장에서 점포 세만 받고 물품 세를 받지 않거나 관리만 하고 점포세도 받지 않으면 천하의 상인들이 모두 기뻐하여 그 시장에 장사하기를 원할 것이다. 관문에서 살피기만 하고 통관세를 받지 않으면 천하의 여행자들이 모두 기뻐하여 그 도로를 이용하고자할 것이다.42)

여기에서 맹자는 상인의 증가는 국가발전에 장애가 되지 않는 것으로 생각한 것처럼 보여진다. 만일 맹자의 이러한 생각을 '자유경제사상'43)이라 하고 당시의 상업을 천시하던 사상의 풍조와 비교해 본다면 그 관점은 당시의 사회경제 전반에 대한 종합적인 판단을 통해서 체득한 결과라고 할 수 있다. 맹자의 상업에 대한 중시는 당시 머물렀던 齊나라의 수도인 임치(臨淄)가 상업발달의 중심지였던 것과 관련 있다.

'교민'(敎民)이상 역시 맹자 왕도정치사상의 중요한 내용의 하나 인데 이러한 이상이 후대에 더욱 발전하여 '敎化思想'이 되며 동시에 백성을 교화시키는 효과로 인해서 역대왕조에서 善政을 실행하는 중요한 지표로 평가되어 왔다.

맹자가 언급한 敎民理想의 부분은 다음과 같다.

1) 그 농사지을 때를 빼앗지 아니하면 몇 식구의 집안이 굶주림이 없을 수 있으며, 庠序의 가르침을 신중히 하고 거듭나

---

42) 『孟子』, 「公孫丑上」, "市, 廛而不征, 法而不廛, 則天下之商, 皆悅而願藏於其市矣; 關, 譏而不征, 則天下之旅, 皆悅而願出於其路矣."

43) 侯家駒, 『先秦自由經濟思想』, 臺北, 聯經出版事業公司, 1985년, 63면 참조.

기를 孝悌의 의리로써 한다면 머리가 반백이 된 자가 도로에서 지거나 이지 않을 것입니다. 「梁惠王上」

2) 庠序學敎를 설치하여 가르쳤으니, 庠은 기른다는 뜻이고, 校는 가르친다는 뜻이며, 序는 활을 쏜다는 뜻입니다. 夏나라 에서는 校라 하였으며, 殷나라 에서는 序라 하였으며, 周나라 에서는 庠이라 하였으며 學은 三代가 공통이었으니 모두 인륜을 밝히기 위한 것이었습니다. 인륜이 위에서 밝아지면 小民들이 아래에서 한마음이 됩니다. 王者가 나타남이 있으면 반드시 와서 법을 취할 것이니, 이는 王者의 스승이 되는 것입니다. 「滕文公上」

3) 백성을 가르치지 아니하고서 (전쟁에)쓰는 것을 백성에게 재앙을 입히는 것이라고 한다. 「告子下」

4) 善政은 백성들의 재물을 얻고 善敎는 백성들의 마음을 얻는다. 「盡心上」군자가 가르치는 방법이 다섯 가지이니, 단비가 내려 일시에 만물을 소생시키듯이 하는 것이 있으며, 德을 이루게 하는 것이 있으며, 재질을 통달하게 하는 것이 있으며, 물음에 답하는 것이 있으며, (직접 가르치지 않고)私的으로 잘 도야하게 하는 것이다. 이 다섯 가지는 군자가 가르치는 방법이다. 「盡心上」

이상과 같이 맹자에게 있어서의 '敎'는 도덕교육의 '敎'임을 알 수 있다. 이러한 '敎'의 의미는 『論語』에도 있는데, 만일 "공자는 네 가지로 가르친다."는 말을 "공자가 제자들에게 가르치는 네 가지 내용"으로 해석한다면, 공자가 가르치는 주요한 대상은 피 통치계층의 백성들을 포함하지 않고 그의 제자들에게만 국한된 것처럼 보인다. 또한 이 문장 속에서는 교육내용 역시 새로운 형태의 국가행정 인재의 지식과 행동규범을 배양시키는 것과 관련 있는 것처럼 보인다. 그렇다면 初期儒家에서는 모든 백성들에 대한 교육을 부정 하는 것인가? 『論語』, 「述而」에 있는 "束脩을 행 한자에서부터 그 이상은 내 일찍이 가르쳐주지 않은 적이 없다."의 내용을 고려한다면 초기유가에서는 농민 등의 피 통치계층의 사람들을 받아 들였음을 알 수 있다. 그러나 이러한 사실로써 초기유가가 모든 백성들에게 광범위하게 교육을 확대하려는 의도를 가지고 있었다고 추론할 수 있는 것일까? 설사 우리가 『論語』, 「子路」에서 공자가 冉有에게 말한 "教之"의 '教'자가 '教練'의 의미를 갖고 있을 뿐만 아니라 '도덕교육'의 의미도 포함하고 있다고 인정해도, 역시 초기유가가 진정으로 모든 백성들에게 교육을 확대하려는 의도를 가지고 있었는지에 대해서는 의심의 여지가 남는다. 이러한 문제에 대해 『論語』, 「陽貨」의 한 章이 단서를 제공한다.

> 공자가 武城에 가서 현악에 맞추어 부르는 노래 소리를 들었다. 공자가 빙그레 웃으며 말했다. "닭을 잡는데 어찌 소 잡는 칼을 쓰느냐?" 子游가 대답했다. "전에 제가 선생님께 듣자오니, 군자가 道를 배우면 남을 사랑하고, 소인이道를 배우면 부리기가 쉽다고 하셨습니다." 공자가 말했다. "偃의 말이 옳다. 좀 전에 한말은 농담이다."

만일 공자와 子游의 대화 내용이 武城에 대한 '教化'(풍속을 개정함)에 관련된 것이라면, 子游가 한 한마디의 말을 주의해야 한다. 즉 "소인이 道를 배우면 부리기 쉽다". 이것뿐 아니라 공자는 子游의 의견에 전적으로 동조하는데, 이는 초기유가가 일반 백성에 대해서 교육을 시행할 때 통치자로서 공리주의적인 성향이 짙었음을 의미한다.

위의 관점에 비춰볼 때 맹자의 '敎民'이상에서 주의할만한 가치는, 맹자의 '敎'의 대상은 그의 제자나 문인에만 국한되지 않고 가장 기층인 빈궁한 농촌공동체에 까지 확대한 것이라는 사실이다. 이는 곧 맹자의 敎民理想이 모든 백성들을 교육시키기 위해 설계된 것이라고 말할 수 있다. 그렇다면 맹자의 교육이상이 초기유가의 공리주의적 성향을 완전히 탈피한 것이라고 말할 수 있을까? 사실 우리는 맹자의 교육이상 속에 공리주의적인 요소가 전혀 없다고는 말할 수 없다. 그러나 『孟子』, 「梁惠王上」에 있는 "庠序의 가르침을 신중히 하고 거듭하기를 孝悌의 의리로써 한다면" 과 뒤이어 "머리가 반백이 된 자가 도로에서 지거나 이지 않을 것이다."라고 한 말속에서 우리는 맹자의 敎民理想의 주요목적이 도덕을 회복하는데 있으며 또한 붕괴하고있는 농촌 기층 공동체의 윤리질서를 재건하는데 있다고 할 수 있다. 이와 같이 볼 때 맹자가 내놓은 敎民理想추진의 정책 청사진은 확실히 시대를 초월한 보편적인 가치가 있는 것이다.

지금까지 살펴본 내용은 유가정치이상의 정수라고 할 수 있는 왕도정치사상 이었다. 맹자에게 있어서의 '王' 개념은 기본적으로 춘추시대 이래의 '王' 개념을 계승하여 통치자에게 있어서의 도덕과 행동상의 최고 경계를 말하는 것이며, 또한 이러한 각도에서 본다면 맹자의 '王' 은 곧 일종의 맹자 자신의 사유의 결과라는 것이다.

또한 맹자는 당시의 사회현실을 일반민중들의 생활상태를 통해서 분석했는데, 戰國時代의 사회는 기층촌락이 붕괴의 위기에 처한 상황으로 특히 흉년이 들었을 때 일반민중들의 삶이 철저하게 파괴되는 원인을 과중한 세금과 노역·전쟁에의 동원 그리고 산림과 호수 등등 자연자원의 독점 때문이라고 보았다. 맹자는 이렇게 각 국의 제후들이 자행한 학정은 다음과 같은 결과를 초래한다고 생각했다. 즉 이렇게 제후들이 일반민중들을 희생시켜 만든 번영은 매우 취약한 것이며 심지어는 국가의 멸망을 가져온다고 지적하였다. 또한 이러한 상황 즉 백성들이 안심하고 살 수 없는 세태 속에서 맹자는 '王者' 가 나타날 것이라고 확신했다.

그리고 맹자는 이러한 시대의 상황을 종식시킬 수 있는 구체적인 정책대안을 내놓는데, 그 첫 번째로 전쟁의 재해로부터 백성들을 보호한다고 하는 保民정책으로, 제후들에게 임의로 전쟁을 일으키지 말 것을 역설하여 천하에 평화가 회복되는 가운데 保民정책의 목적을 이룰 수 있다고 보았다. 둘째로 백성들의 住食을 보장하여 촌락공동체를 재생시킨다고 하는 養民정책으로, 그 구체적인 내용은 토지제도의 확립을 통하여 백성들을 기근으로부터 벗어나게 하고 산림·호수 자원을 개방하여 백성들의 생활공간과 생계수단을 국가가 독점하지 않는 것이며 또한 상업의 진작과 교통의 활성화를 통해 사회경제를 발전시키는 것이었다. 셋째로 백성들을 교화시켜 이상적인 공동체를 창조한다고 하는 敎民정책으로, 도덕의 회복을 통하여 붕괴하고있는 농촌 기층공동체의 윤리질서를 재건한다는 것이다.

이상과 같이 맹자는 '保民'·'養民'·'敎民'의 세 정책의 시행을 통해서 천하를 통일하는 것이 바로 왕도정치의 완성이라고 생각했다. 또한 맹자는 이러한 정책을 시행하여 달성한 제후를 '王者'의 자격을 갖춘 것으로 보았다. 그러나 한 국가 내에서만 仁政을 실행해서는 왕도정치를 완성할 수 없는 것인데, 즉 王者는 반드시 학정 속에서 고통받고 있는 천하의 모든 백성들을 해방 시켜야 하기 때문이다. 맹자는 천하의 모든 백성들을 학정에서 해방시키는 것이야말로 진정한 왕도정치의 완성(즉 天下統一)으로 보았다.

参考文獻

『十三經引得』, 上海, 上海古籍出版社, 1986年.

朱公遷, 『詩經義疏』, 『四庫全書』 本.

孫星衍, 『尙書今古文注疏』, 『平津館叢書』 本.

劉寶楠, 『論語正義』, 『續皇淸經解』 本.

趙岐撰, 『孟子章句』, 『四部叢刊』 本.

焦　循, 『孟子正義』, 『焦氏遺書』 本.

劉　向, 『戰國策書錄』, 嚴可均 校輯, 『全上古三代秦漢三國六朝文』, 第一冊, 北京, 中華書局, 1995年.

司馬遷, 瀧川資言 會注考證, 『史記會注考證』, 太原, 北岳文藝出版社, 1999年.

孫詒讓, 『墨子閒詁』, 北京, 中華書局, 1954年.

王先謙, 『莊子集解』, 北京, 中華書局, 1987年.

王先謙, 『荀子集解』, 北京, 中華書局, 1992年.

蘇　輿, 『春秋繁露義證』, 北京, 中華書局, 1996年.

韓嬰撰, 『韓詩外傳』, 『龍谿精舍叢書』, 第一冊, 北京, 中國書店, 1991年.

韓　愈, 『韓昌黎全集』, 北京, 中國書店, 1998年.

林愼思, 『續孟子』, 『叢書集成初編』 本.

程顥, 程頤 撰, 「河南程氏遺書」, 『二程集』, 北京, 中華書局, 1981年.

朱 熹,『四書章句集注』, 海淵閣明刻本.

黎靖德,『朱子語類』, 北京, 中華書局, 1994年.

『朱文公文集』,『四部叢刊初編』 本.

王懋竑,『朱熹年譜』, 北京, 中華書局, 1998年.

王守仁,『王陽明全集』, 上海, 上海古籍出版社, 1997年.

黃宗羲,『黃宗羲全集』, 杭州, 浙江古籍出版社, 1985年.

黃宗羲 撰, 全祖望 補,『宋元學案』, 上海, 文瑞樓發行, 鴻章書局石印本.

戴 震,『戴震全集』, 合肥, 黃山書社, 1995年.

郎擎霄,『孟子學案』, 上海, 商務印書館, 1928年.

唐迪風,『孟子大義』, 北京, 北平直隸書局, 1931年.

李信言,『孟子政治思想及經濟思想』, 上海, 易社, 1938年.

陳大齊, 『孟子的名理思想及其辯說實況』, 臺北, 臺灣商務印書館, 1983年.

何淑靜,『孟荀道德實踐理論之研究』, 臺北, 文津出版社, 1988年.

許宗興,『孟子的哲學』, 臺北, 臺灣商務印書館, 1989年.

葉經柱,『孟子之民本主義』, 臺北, 正中書局, 1990年.

蔡仁厚,『孔孟荀哲學』, 臺北, 學生書局, 1990年.

黃俊傑 主編, 『孟子思想的歷史發展』, 臺北, 中央研究院 中國文哲研究所籌備處, 1995年.

王邦雄, 曾昭旭, 楊祖漢 『孟子義理疏解』, 臺北, 鵝湖出版社, 1995年.

劉鄂培,『孟子大傳』, 北京, 清華大學出版社, 1998年.

朱彝尊,『經義考』,『四部備要』本.

皮錫瑞,『經學歷史』, 上海, 商務印書館, 1928年.

周予同,『周予同經學史論著選集』, 上海, 上海人民出版社, 1995年.

何耿鏞,『經學簡史』, 厦門, 厦門大學出版社, 1993年.

許愼撰, 段玉裁注,『說文解字注』, 上海, 上海書店, 1992年.

周群振,『儒學探源』, 臺北, 鵝湖出版社, 1986年.

劉蔚華·趙宗正 主編,『中國儒家學術思想史』, 濟南, 山東教育出版社, 1996年.

熊十力,『明心篇』, 臺北, 學生書局, 1979年.

徐復觀,『中國人性論史』, 臺北, 臺灣商務印書館, 1990年.

牟宗三,『王陽明致良知教』, 臺北, 中央文物供應社, 1980年.

牟宗三,『圓善論』, 臺北, 學生書局, 1985年.

牟宗三,『心體與性體』, 臺北, 正中書局, 1989年.

牟宗三,『中國哲學的特質』, 上海, 上海古籍出版社, 1997年.

牟宗三 譯註,『康德的道德哲學』, 臺北, 學生書局, 1992年.

唐君毅,『中國哲學原論』, 原道篇, 臺北, 學生書局, 1986年.

唐君毅,『中國哲學原論』, 原性篇, 臺北, 學生書局, 1984年.

勞思光,『新編中國哲學史』, 第一册, 臺北, 三民書局, 1986年.

蔡仁厚,『孔孟荀哲學』, 臺北, 學生書局, 1990年.

林安弘,『儒家禮樂之道德思想』, 臺北, 文津出版社, 1988年.

李相顯,『先秦哲學之研究』, 北京, 世界科學社, 1946年.

錢 穆,『國史大綱』, 卷上, 臺北, 臺灣商務印書館, 1991年.

張蔭麟,『中國史綱』, 臺北, 正中書局, 1963年.

楊 寬,『古史新探』, 北京, 中華書局, 1965年.

范文瀾,『中國通史』, 第一册, 北京, 人民出版社, 1996年.

中國古代史教學小組編, 『先秦史』, 長春, 東北師範大學函授教育處, 1958年.

侯外廬,『中國古代社會史論』, 北京, 人民出版社, 1954年.

黃俊傑, 『春秋戰國時代尙賢政治的理論與實際』, 臺北, 問學出版社, 1978年.

楊 寬,『戰國史』, 上海, 上海人民出版社, 1991年.

金景芳,『中國奴隷社會史』, 上海, 上海人民出版社, 1993年.

李宗侗,『中國古代社會史』, 臺北, 中華文化出版事業委員會, 1963年.

侯家駒,『先秦儒家自由經濟思想』, 臺北, 聯經出版事業公司, 1985年.

項退結,『西洋哲學辭典』, 臺北, 臺灣國立編譯館, 1976年.

張業淸, 羅國傑,『中國倫理百科全書』, 長春, 吉林人民出版社, 1993年.

曾仰如,『倫理哲學』, 臺北, 臺灣商務印書館, 1985年.

蔡信安,『道德抉擇理論』, 臺北, 時英出版社, 1993年.

齊思和,「周代錫命禮考」,『燕京學報』, 第 32 期.

侯家駒,「井田叢考」,『大陸雜誌』, 卷67, 第3期, 臺北, 1972年.

岑溢成,「孟子知言初探」,『鵝湖月刊』, 第四卷, 第四期, 臺北, 1978年.

黃維潤,「中西哲學論惡之比較」, 臺北, 輔仁大學 哲學研究所 博士學位論文, 1984年.

Kant 著, 藍公武 譯, 『純粹理性批判』, 北京, 商務印書館, 1997年.

佐藤貢悅, 『中國古代天命思想の展開』, 東京, 學文社, 1996年.

岡田武彦, 『王陽明と明末の儒學』, 東京, 明德出版社, 1970年.

近藤正則, 「『讀余隱之尊孟辨』に見える朱子の孟子不尊周への對應」, 『日本中國學會報』 第33集, 日本中國學會, 1981年.

倉田信靖, 「『孟子』の"春秋天子之事也"に就いて」, 『日本中國學會報』 第38集, 日本中國學會, 1986年.

Cho-yun Hsu, Ancient China in Transition : An Analysis of Social Mobility, 722～222 B.C. Stanford : Stanford University Press, 1965, Chap. 2.

▌조원일(趙源一)

忠南大學校 哲學科 卒業(文學史)
臺灣 中國文化大學 哲學系 卒業(文學碩士)
中國 北京大學 哲學系 卒業(哲學博士)
現 全南大學校 中國學科 敎授
　中國 寧夏大學 學術顧問

저서 : 『東吳哲學』, 『哲學・宗敎與人文』(中國出版)
『중국과 한국의 철학적 사유전통』
『文史哲로 이해하는 中國 人文學』
『半生緣』(영화로 배우는 중국어)

논문 : 「孔子的天論探微」 등 국외발표 논문 10여 편
「儒家의 政治理想」 등 국내발표 논문 20여 편

맹자의 도덕사상과 정치사상

2006년 11월 5일 —— 인쇄
2006년 11월 10일 —— 발행

저 자 —— 조원일
발 행 —— 강정채
발행처 —— 전남대학교출판부

등록 1981. 5. 21. 제53호
500 - 757 광주광역시 북구 용봉동 300
TEL. (062) 530 - 0571~3
FAX. (062) 530 - 0579
http://altair.chonnam.ac.kr/~cnup

값 10,000원

ISBN 89 - 7598 - 577 - 6 (93190)

이 도서의 국립중앙도서관 출판시도서목록(CIP)은 e-CIP홈페이지(http://www.nl.go.kr/cip.php)에서 이용하실 수 있습니다.(CIP제어번호: CIP2006002472)